MAIKE LAMBERTS

ICE POPS Kochbuch

Email: info@edition-lunerion.de
www.edition-lunerion.de

Psiana eCom UG
Berumer Str. 44
26844 Jemgum

Vorwort

Im Sommer geht doch nichts über ein schönes Eis am Stiel und mit dem richtigen Geschmack passt die Leckerei längst nicht nur zur heißen Jahreszeit. Damit bei den ewig gleichen Varianten aus dem Laden keine Langeweile aufkommt, können Sie die Sache ganz einfach selbst in die Hand nehmen: Lassen Sie sich von diesem Rezeptbuch in die fröhlich-bunte Geschmackswelt der Ice Pops entführen und entdecken Sie wunderbar vielfältiges Eis zum Selbermachen!

Ob mit Eismaschine oder einfach nur mit üblichen Küchenutensilien und Ihrem Gefrierfach: Ice Pops, also Eis am Stiel, können Sie mit wunderbar wenig Aufwand auch zu Hause herstellen. Das ist nicht nur meist kostengünstiger als die Supermarkt- oder Kioskvariante, sondern eröffnet Ihnen zudem schier grenzenlose Variationsmöglichkeiten: Ob Sie ein richtiger Süßschnabel sind oder es weniger süß mögen, ob Sie Lust auf cremig-milchig-schokoladiges Eis haben oder eher eine fruchtige Erfrischung suchen, ob Sie Klassiker mögen oder auf ausgefallene Neuheiten stehen, ob Joghurt oder Sahne, vegan, zuckerfrei, Mochi, Softeis, mit Superfruits oder Gemüse – bei selbstgemachten Ice Pops ist genau das drin, was Sie sich wünschen. Reichlich Inspiration für alle Geschmäcker finden Sie in diesem Buch: Für Kinder, Naschkatzen, Gesundheitsbewusste, Experimentierfreudige und sogar für die Weihnachtszeit ist hier jede Menge Auswahl geboten.

Guten Appetit!

INHALT

Ice, Ice-Pop!

Ice Pops, die wohl beliebteste Süßspeise an heißen Sommertagen, die uns nicht nur einen wahren Genuss verspricht, sondern auch Abkühlung. Die beliebte Süßspeise heißt hierzulande schlicht und einfach Eis am Stiel und beschreibt ein fruchtiges, oft auch mit Süßigkeiten bestücktes Dessert. Kinder, aber ebenso Erwachsene lieben Ice Pops gleichermaßen.

Doch woher kommen die Ice Pops überhaupt und wer hat sie erfunden? Fakt ist, dass der Ursprung nicht genau geklärt ist, was daran liegt, dass sie mit vielen Ländern in Verbindung gebracht werden. Werfen wir hierzu einen kurzen Blick auf die vergangenen Zeiten. Unsere heutigen modernen Ice Pops könnten möglicherweise ihre Wurzeln im antiken China haben. Dort hat man im 7. Jahrhundert v. Chr. Schnee und Eis mit Honig und oft auch Fruchtsaft aromatisiert. Das Ziel war, eine erfrischende Leckerei herzustellen. Doch auch im antiken Persien und Rom lassen sich solche Methoden finden.

Wagen wir einen Blick in die Vereinigten Staaten, genauer genommen in die 1900er Jahre. Zu dieser Zeit wurden die Ice Pops dort ebenfalls populär. Im Jahr 1905 soll Frank Epperson versehentlich ein Getränk aus Limonadenpulver und Wasser draußen stehen gelassen haben. In dem Gefäß befand sich außerdem ein Rührstab. Am nächsten Morgen war das Gemisch gefroren. Könnte das tatsächlich die Erfindung von Eis am Stiel gewesen sein? Heute wissen wir, dass er als Erfinder des Popsicle, einer modernen Ice Pop Marke, angesehen wird. Noch heute ist dies ein beliebtes Sommerdessert in den USA.

Heute gibt es die Ice Pops in vielen verschiedenen Geschmacksrichtungen. Cremiges Eis, Fruchteis, veganes Eis oder Milcheis sind nur ein paar Beispiele der heutigen Ice Pops Varianten. Im Rezeptteil werden Sie noch einige mehr vorfinden. Ice Pops erfreuen sich, auch wenn deren genauer Ursprung ungeklärt ist, weltweiter Beliebtheit.

WANN KAMEN ICE POPS NACH DEUTSCHLAND?

Ebenso wie der Ursprung von Ice Pops ungeklärt ist, ist es mit der Einführung des kühlen Desserts in Deutschland. Das liegt unter anderem daran, dass das Eis am Stiel schrittweise auf dem deutschen Markt eingeführt wurde. Es lässt sich jedoch schätzen, dass die Ice Pops Mitte des 20. Jahrhunderts zu uns gekommen sind. Eis am Stiel ähnliche und gefrorene Leckereien wurden zwischen 1950 und 1960 in Deutschland begonnen herzustellen. Damit begann auch der Vertrieb hierzulande. Es dauerte nicht lange und die Produkte wurden bekannt und gewannen viele neue Liebhaber. Besonders Kinder erfreuten sich an warmen Sommertagen an der kühlen Süßspeise. In den Jahren darauf wurden immer mehr Marken und Geschmacksrichtungen hierzulande eingeführt. Noch heute lassen sich diese in unseren Supermärkten finden. Die Beliebtheit der Ice Pops oder von Eis am Stiel hat in Deutschland stetig zugenommen, weshalb sich die Leckerei heute kaum mehr wegdenken lässt.

WELCHE GERÄTE BRAUCHT MAN FÜR DIE ZUBEREITUNG?

Wer Ice Pops zu Hause herstellt, profitiert nicht nur davon, dass die Zutaten oder der Zuckergehalt selbst bestimmt werden können. Es bedarf außerdem weniger Geräte und ist zudem nicht kompliziert und verursacht geringe Kosten. Damit auch Sie direkt mit der Herstellung eigener Eisspezialitäten und traumhaften Ice Pops beginnen können, finden Sie im Folgenden eine Auflistung der wichtigsten Utensilien, welche für die Zubereitung benötigt werden.

Ice Pops Formen: Sie können diese in verschiedenen Formen und Größen erwerben. Am besten sind jene aus Silikon. Aus diesen lassen sich die fertigen Ice Pops am besten entnehmen.

Holzstäbchen: Damit das Eis später gehalten werden kann, empfiehlt es sich, Holzstäbchen zu nutzen. Wer diese nicht extra kaufen möchte, kann auf Teelöffel zurückgreifen.

Gefäße zum Mixen: Je nach Menge, die Sie zubereiten wollen, können Sie verschieden große Schüsseln nehmen.

Löffel und Schneebesen: Beides kann genutzt werden, um die Eismasse gut zu verrühren und zu mischen.

Messlöffel und Messbecher: Beides ist hervorragend dazu geeignet, um die Zutaten abzumessen. Es besteht auch die Möglichkeit, eine Küchenwaage sowie ein Gefäß zum Befüllen zu nutzen.

Gefrierfach: Ohne ein Gefrierfach gelingen die besten Ice Pops nicht. In dieses werden die Ice Pops mitsamt Behälter gestellt. Hier ist es wichtig, dass es genügend Platz gibt. Die Behälter mit den Ice Pops sollten gerade und sicher stehen.

DIE GRUNDZUTATEN

Nicht nur die Gerätschaften wollen aufgezählt werden. Im folgenden Text stelle ich Ihnen die Grundzutaten für Ice Pops kurz vor.

Frische Zutaten: Welches Eis wollen Sie zubereiten? Demnach können Sie verschiedenes Obst hinzufügen, um den besten Geschmack zu erzielen.

Aromen, Säfte, Flüssigkeiten: Wer beispielsweise Wassereis herstellen möchte, kann dies ganz einfach mit Fruchtsäften oder Sirup ausprobieren. Joghurt und Milch gehören ebenfalls zu den gängigsten Zutaten, um Ice Pops herzustellen.

Süßungsmittel: Manchmal darf es etwas süßer sein. Dazu können Sie Zucker, Honig, Ahornsirup oder andere Mittel nutzen, die für Süße sorgen.

Wichtig: Wenn Sie sich unsicher sind, ob Ihre Ice Pops noch genießbar sind, sollten Sie auf mögliche Anzeichen von Verderb achten:

- Verfärbung
- Kristalle am Produkt
- unangenehmer Geruch

EINKAUFSLISTE MIT DEN WICHTIGSTEN ZUTATEN

Im folgenden Text finden Sie eine Einkaufsliste mit den gängigsten Geräten und Zutaten vor. Diese können Sie je nach Geschmack und Vorlieben jederzeit erweitern.

Grundlegende Utensilien:

- Holzstäbchen oder Ice-Pop-Stiele
- Mixgefäß
- Löffel oder Schneebesen zum Mischen
- Messlöffel und Messbecher
- Gefrierfach

Zutaten:

- frische Früchte (z. B. Erdbeeren, Blaubeeren, Mangos, Zitronen, Orangen)
- Fruchtsäfte (z. B. Orangensaft, Apfelsaft, Ananassaft)
- Fruchtpürees
- Zucker
- Honig
- Ahornsirup
- Agavendicksaft
- Joghurt
- Kokosmilch
- Sahne
- Vanilleextrakt
- Zitronen- oder Limettenschale (für Zitrusgeschmack)
- Minzblätter (für Minzgeschmack)
- Schokoladenstückchen
- Nüsse (z. B. gehackte Mandeln)
- Ice-Pop-Formen oder Silikonformen

ICE POPS HERSTELLUNG MIT ODER OHNE EISMASCHINE

Ice Pops können mit Hilfe von Eismaschinen hergestellt werden. Sie lassen sich aber auch ohne wunderbar zubereiten. Wie Sie sich letztlich entscheiden, hängt von Ihren finanziellen Ressourcen und Ihren Vorlieben ab.

Herstellung von Ice Pops ohne Eismaschine

Zunächst bereiten Sie die gewünschten Zutaten und Aromen vor. Sie können Ihre Wunschzutaten in einem Mixgefäß vermengen und gut mischen. Anschließend können Sie die vorbereitete Mischung in die Ice-Pop-Formen oder Silikonformen gießen und sie sicher in den Gefrierschrank oder das Gefrierfach stellen. Mindestens vier bis sechs Stunden, am besten über Nacht, sollten die Ice Pops eingefroren werden.

Zum Verzehr werden die Ice Pops aus den Formen genommen. Damit es einfacher geht, können diese kurz in warmes Wasser getaucht werden.

Herstellung von Ice Pops mit einer Eismaschine

Zunächst bereiten Sie die gewünschten Zutaten und Aromen vor. Sie können Ihre Wunschzutaten in einem Mixgefäß vermengen und gut mischen. Dies unterscheidet sich nicht von der ersten Zubereitungsweise. Anschließend setzen Sie die Schüssel Ihrer Eismaschine in den Gefrierschrank, bis sie gut gekühlt ist.

Die gekühlte Mischung wird in die Eismaschine gesetzt. Je nach Gerät gibt es verschiedene Anleitungsschritte. Daher sollten Sie den Anweisungen des gewählten Herstellers folgen. Die Eismaschine wird die Mischung rühren und einfrieren. So erhält Ihr Produkt eine cremige Konsistenz. Danach wird die cremige Mischung in die Ice-Pop-Formen gefüllt und die Stiele eingesteckt. Die gefüllten Formen werden in den Gefrierschrank für vier bis sechs Stunden, am besten aber über Nacht gestellt. Tauchen Sie die Formen kurz in warmes Wasser, um die Pops leichter herauszubekommen.

Vor- und Nachteile ohne Eismaschine

Vorteile:

- keine spezielle Ausrüstung erforderlich
- einfach und kostengünstig
- weniger Aufwand
- Vielseitigkeit

Nachteile:

- Konsistenz ist manchmal weniger cremig

Vor- und Nachteile mit einer Eismaschine

Vorteile:

- cremige Konsistenz
- einfache Zubereitung
- schnellere Zubereitung

Nachteile:

- Kosten
- erfordern zusätzlichen Platz
- begrenzte Kapazität/es kann nur eine begrenzte Menge zubereitet werden
- mehr Vorbereitungszeit durch Vorkühlen
- zusätzliche Reinigung
- Wartung des Gerätes

Milcheis

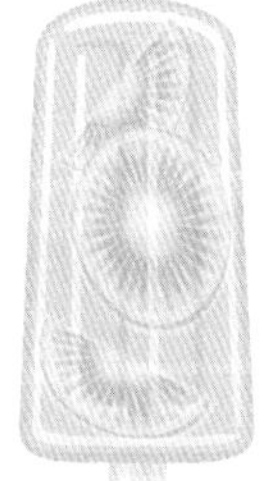
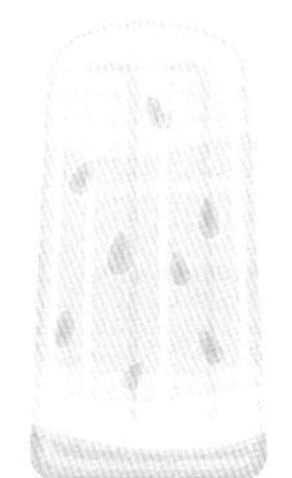

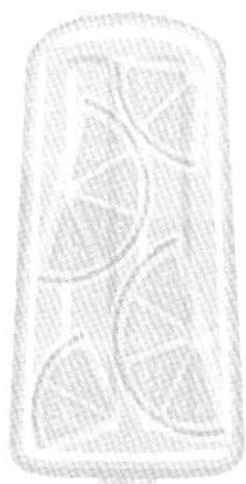

MILCHEIS GRUNDREZEPT

3 Port.

35 Min.

Leicht

Zutaten

180 g Zucker
2 Eigelb
200 ml Sahne
250 ml Milch

Nährwerte p. P.

529 kcal
68 g Kohlenhydrate
27 g Fett
4 g Eiweiß

1 Geben Sie Milch und Sahne in einen Topf. Stellen Sie den Herd an und kochen Sie die Mischung kurz auf. Danach stellen Sie den Herd aus und lassen die Mischung abkühlen.

2 Geben Sie die Eigelbe in eine große Schüssel. Fügen Sie den Zucker hinzu und verrühren beides mit einem Schneebesen.

3 Gießen Sie die abgekühlte Milchmischung hinzu und rühren Sie diese mit dem Schneebesen unter.

4 Setzen Sie die Schüssel mit der Eis-Masse auf ein Wasserbad. Schlagen Sie die Mischung ca. zehn Minuten gut auf.

5 Füllen Sie die Masse in Ihre Eisformen und geben Sie den Holzstiel hinein. Stellen Sie die Formen über Nacht in das Gefrierfach.

Tipp: Dieses Rezept dient als Basis und kann durch verschiedene Früchte erweitert werden.

MASCARPONE MILCHEIS

4 Port.

20 Min.

Leicht

Zutaten

200 ml Sahne (Rahm)
100 g Mascarpone
¼ l Milch
150 g Zucker

Nährwerte p. P.

339 kcal
42 g Kohlenhydrate
16 g Fett
4 g Eiweiß

1 Nehmen Sie einen Topf und geben Zucker und Milch hinein. Die Mischung unter ständigem Rühren kurz aufkochen. Wichtig ist, dass sich der Zucker komplett auflöst.

2 Fügen Sie dann Rahm und Mascarpone hinzu und lassen Sie die Mischung einmal aufwallen.

3 Füllen Sie die entstandene Mischung in eine leere Eiscremedose und platzieren Sie sie im Gefrierfach.

4 Nach zwei bis drei Stunden rühren Sie die Masse mit einem Handmixer zwei bis drei Mal kräftig um, bis sie gefroren ist.

Tipp: Nutzen Sie pflanzliche Milch, um dem Eis einen außergewöhnlichen Geschmack zu verleihen.

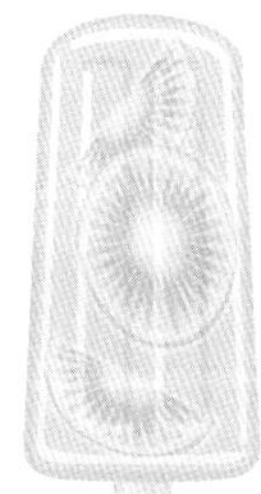

SAHNE-MILCHEIS

4 Port.

20 Min.

Leicht

Zutaten

1 Prise Salz
4 Eier
200 g Zucker
400 ml Milch
400 ml Schlagsahne

Nährwerte p. P.

452 kcal
60 g Kohlenhydrate
19 g Fett
13 g Eiweiß

1 Schlagen Sie die Eier auf und trennen Sie diese. Geben Sie alle Zutaten außer das Eiweiß in einen Mixbehälter und vermengen Sie diese ca. acht Minuten bei 80°C.

2 Legen Sie eine möglichst flache Schale mit Frischhaltefolie aus und gießen Sie die Eismasse hinein. Stellen Sie diese für mindestens fünf Stunden in das Gefrierfach.

3 Nehmen Sie die Masse aus dem Gefrierfach und schneiden Sie sie in grobe Würfel. Geben Sie die Würfel zum Zerkleinern in einen Mixbehälter. Schlagen Sie die Masse drei Sekunden lang auf Stufe 9 und weitere zehn Sekunden auf Stufe 7 auf.

4 Das Eis ist nun schön cremig und bereits köstlich. Wenn Sie Eiskugeln daraus formen möchten, empfiehlt es sich, es nochmals für ca. eine Stunde einzufrieren.

Tipp: Mischen Sie frische Früchte unter das Eis, um eine fruchtige Note zu erhalten.

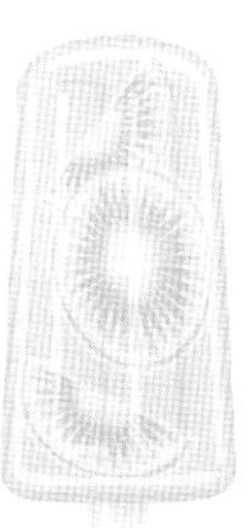

ZWEI-ZUTATEN-MILCHEIS

6 Port. 15 Min. Leicht

Zutaten

1 l Milch
75 g Zucker

Nährwerte p. P.

73 kcal
11 g Kohlenhydrate
1 g Fett
2 g Eiweiß

1 Erhitzen Sie Milch und Zucker in einem Topf, bis die Mischung fast um die Hälfte eingekocht ist.

2 Lassen Sie die eingekochte Mischung abkühlen und stellen Sie sie anschließend in den Gefrierschrank. Rühren Sie alle 30 Minuten kräftig um.

3 Füllen Sie die Masse in Formen und geben Sie die Holzstiele hinein. Stellen Sie die Formen über Nacht ins Gefrierfach.

Tipp: Dazu passen frische Früchte oder eine leckere Soße Ihrer Wahl.

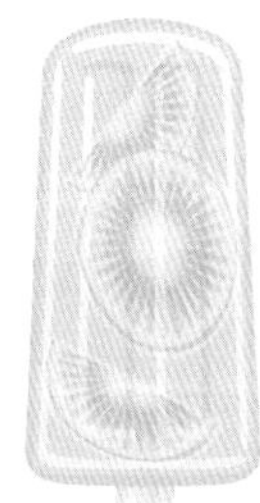

KARAMELL-SALZBUTTER AUF MILCHEIS

7 Port.

1,5 Std.

Leicht

Zutaten

50 g Zucker
2 l Vollmilch
Salzbutter-Karamell:
375 g Schlagsahne
150 g Zucker
15 g Butter
3 g Meersalz
1 Vanillestange
Minipralinen

Nährwerte p. P.

470 kcal
44 g Kohlenhydrate
28 g Fett
11 g Eiweiß

1 Bringen Sie die Milch zusammen mit dem Zucker in einem möglichst weiten, beschichteten Topf zum Kochen, um ein Anbrennen zu verhindern.

2 Lassen Sie die Milch unter ständigem Rühren auf etwa einen halben Liter einkochen. Dieser Vorgang dauert etwa 45 Minuten.

3 Gießen Sie die eingekochte Milch durch ein Sieb und stellen Sie sie anschließend kalt.

4 Geben Sie die gekühlte Milchmasse in die Eismaschine und lassen Sie sie für etwa 30 Minuten einfrieren.

5 Stechen Sie Eisnocken mit einem Löffel ab und geben Sie sie portionsweise in kleine Schalen. Beträufeln Sie das Eis mit dem salzigen Karamell und dekorieren Sie es mit Mini-Pralinen.

6 Schneiden Sie die Vanillestange auf und kratzen Sie das Mark mit einem spitzen Messer heraus. Vermengen Sie das Vanillemark mit der weichen Butter und dem Salz.

7 Geben Sie den Zucker in eine Pfanne und lassen ihn karamellisieren.

8 Fügen Sie die ausgekratzte Vanilleschote und die Sahne vorsichtig hinzu, rühren Sie kontinuierlich und kochen Sie die Mischung weitere fünf Minuten.

9 Lassen Sie die Masse abkühlen und rühren Sie dann die Vanillebutter unter.

Tipp: Um das Geschmackserlebnis zu intensivieren, können Sie auch eine Prise Meersalz über das Eis streuen.

Fruchteis

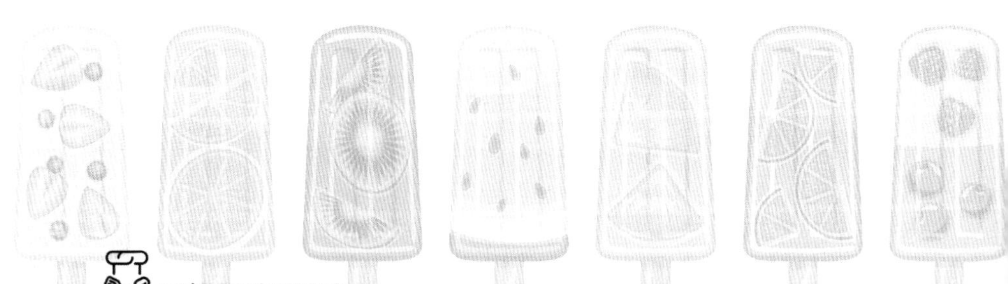

HIMBEEREIS

4 Port. 10 Min. Leicht

Zutaten

100 g Sahne
60 g Zucker
300 g Himbeeren

Nährwerte p. P.

165 kcal
20 g Kohlenhydrate
8 g Fett
1 g Eiweiß

1 Geben Sie alle Zutaten in den Mixer und pürieren Sie diese zu einer cremigen Masse.

2 Füllen Sie die Zutaten in Formen Ihrer Wahl, stecken die Holzstäbchen hinein und stellen Sie diese in das Gefrierfach.

3 Nehmen Sie die Formen nach vier bis sechs Stunden heraus und genießen diese.

Tipp: Ersetzen Sie den Zucker durch Honig, um das Eis weniger süß zu machen.

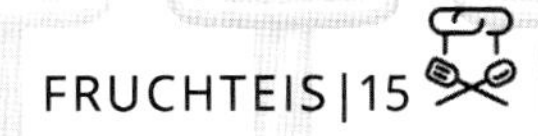

PFIRSICH-SAHNE-EIS

8 Port.

10 Min.

Leicht

Zutaten

200 ml Vollmilch
250 ml Sahne
120 g Puderzucker
300 g Pfirsich
10 g Glukosesirup
1 TL Guarkernmehl oder Johannisbrotkernmehl

Nährwerte p. P.

400 kcal
45 g Kohlenhydrate
22 g Fett
3 g Eiweiß

1 Schneiden Sie die Pfirsiche auf, entfernen Sie den Kern und pürieren Sie diese fein.

2 Geben Sie alle weiteren Zutaten hinzu und pürieren Sie sie ebenfalls.

3 Füllen Sie die Eis-Grundmasse in die Eismaschine und bereiten Sie nach den Herstellerangaben cremiges Eis zu.

4 Füllen Sie die Eismasse in Formen und stecken die Stäbchen hinein.

5 Stellen Sie das Eis mindestens sechs Stunden ins Gefrierfach.

Tipp: Fügen Sie ein wenig Lavendel für eine besonders geschmackliche Note hinzu.

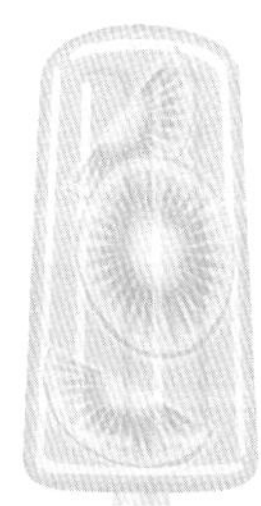

ERDBEEREIS

6 Port.

10 Min.

Leicht

Zutaten

550 g Erdbeeren (frisch oder gefroren)
200 ml Sahne
130 g Zucker
20 ml Erdbeersirup
2 Eiweiß
2 EL Zitronensaft
etwas Minze

Nährwerte p. P.

237 kcal
31 g Kohlenhydrate
12 g Fett
1 g Eiweiß

1 Waschen Sie die frischen Erdbeeren und die Minze und tupfen Sie sie vorsichtig mit einem Küchentuch trocken.

2 Geben Sie Zucker zu den Erdbeeren und pürieren diese mit einem Stabmixer. Rühren Sie dabei den Erdbeersirup unter. Geben Sie den Zitronensaft hinzu und mischen noch einmal alles gut durch.

3 Trennen Sie das Eigelb vom Eiweiß und schlagen Sie das Eiweiß steif. Achten Sie darauf, dass kein Eigelb enthalten ist, da sonst die Festigkeit beeinträchtigt wird.

4 Heben Sie die Sahne und das steif geschlagene Eiweiß vorsichtig unter die Erdbeermasse, um die luftige und cremige Konsistenz zu bewahren.

5 Geben Sie die Masse in Formen und stecken Sie die Stäbchen hinein. Stellen Sie das Eis in das Gefrierfach.

Tipp: Überziehen Sie das Eis mit weißer Schokolade und garnieren es mit gehackten Nüssen Ihrer Wahl.

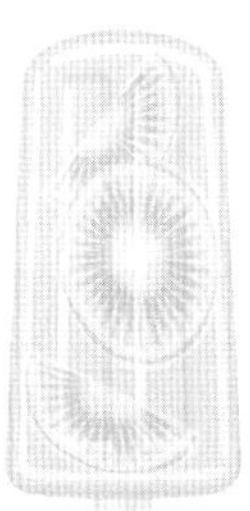

JOGHURT-FRUCHTEIS

10 Port.

15 Min.

Leicht

Zutaten

3 EL Zucker
1 EL Zitronensaft
200 g Frischkäse
100 g Joghurt
400 g Blaubeeren

Nährwerte p. P.

43 kcal
5 g Kohlenhydrate
0 g Fett
2 g Eiweiß

1 Waschen und putzen Sie die frischen Heidelbeeren (tiefgekühlte Früchte auftauen lassen). Pürieren Sie die Früchte anschließend und rühren Sie zwei Esslöffel Zucker unter.

2 Vermengen Sie Frischkäse, Joghurt, den restlichen Zucker und Zitronensaft mit einem Mixer. Mischen Sie ⅓ der Creme unter das Früchtepüree.

3 Schichten Sie die weiße und blaue Frischkäse-Creme abwechselnd in die Eisformen oder Joghurtbecher.

4 Stecken Sie in die Mitte einen Holzspieß und stellen Sie es für mindestens fünf Stunden ins Gefrierfach.

Tipp: Fügen Sie geraspelte oder geschmolzene weiße Schokolade hinzu. Die Süße der weißen Schokolade harmoniert gut mit der Säure des Fruchteises.

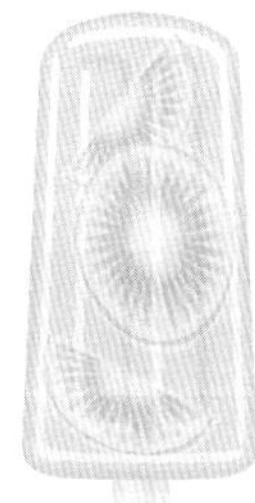

ZITRONENEIS

 4 Port.
 10 Min.
 Leicht

Zutaten

100 g Zucker
200 ml Sahne
500 ml Buttermilch
Saft von 4 Zitronen

Nährwerte p. P.

809 kcal
128 g Kohlenhydrate
20 g Fett
22 g Eiweiß

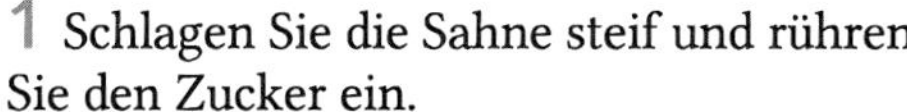

1 Schlagen Sie die Sahne steif und rühren Sie den Zucker ein.

2 Geben Sie anschließend Buttermilch und Zitronensaft hinzu und vermengen Sie alles gut.

3 Füllen Sie die Mischung in ein passendes Gefäß und stellen Sie es für sechs Stunden ins Tiefkühlfach.

Tipp: Servieren Sie das Zitroneneis mit zerbröselten Shortbread-Keksen. Die buttrige Textur passt gut zum erfrischenden Zitrusgeschmack.

Wassereis

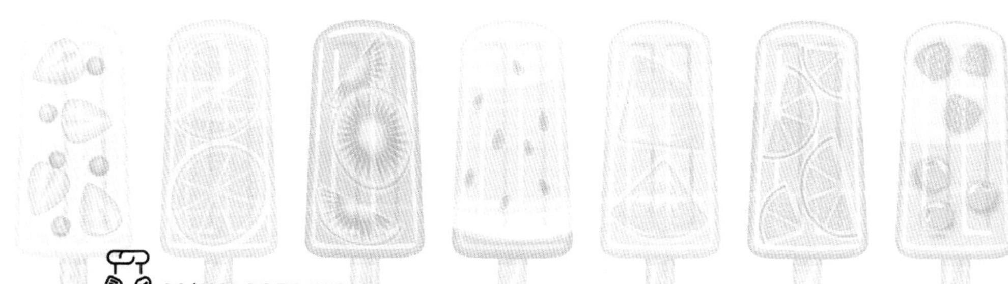

WASSERMELONENEIS

6 Port.

5 Min.

Leicht

Zutaten

250 g Wassermelone
Saft und Schalenabrieb von 1 Limette
250 g Erdbeeren

Nährwerte p. P.

29 kcal
7 g Kohlenhydrate
0 g Fett
0 g Eiweiß

1 Schneiden Sie die Wassermelone in große Stücke und entfernen Sie die Kerne.

2 Bei Verwendung von gefrorenen Erdbeeren spülen Sie diese kurz unter warmem Wasser ab, um Eiskristalle zu entfernen, und schneiden Sie sie dann in Hälften.

3 Geben Sie alle Zutaten in eine Schüssel und pürieren diese mit einem Stabmixer.

4 Gießen Sie die "Smoothie-Mischung" in die Formen. Lassen Sie oben etwas Platz, damit sie sich beim Gefrieren ausdehnen kann.

5 Setzen Sie dann die Stäbchen ein und frieren Sie sie mindestens vier Stunden lang ein, bis sie hart sind.

Tipp: Kombinieren Sie die Wassermelone mit anderen Früchten und erhalten verschiedene Geschmacksrichtungen.

KIWI-WASSEREIS

8 Port.

10 Min.

Leicht

Zutaten

300 g Kiwi
150 ml Wasser
3 - 4 TL Zucker

Nährwerte p. P.

130 kcal
33 g Kohlenhydrate
0 g Fett
2 g Eiweiß

1 Putzen Sie die frischen Kiwis und schneiden Sie sie in Stücke.

2 Füllen Sie die Kiwis zusammen mit dem Wasser in eine Schüssel. Rühren Sie den Zucker unter und pürieren Sie alles zu einer cremigen Masse.

3 Füllen Sie die Mischung in Eisformen, geben Sie die Holzstäbe hinein und frieren Sie das Eis mindestens vier Stunden lang ein.

Tipp: Sie können etwas Sahne unterheben, damit es cremig und süßer wird.

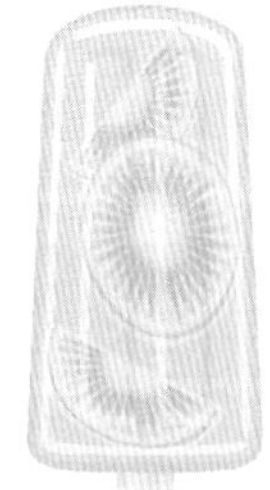

BLAUBEER-MANGO-WASSEREIS

 8 Port.

 10 Min.

 Leicht

Zutaten

200 g Blaubeeren
300 g Erdbeeren
1 Mango
2 EL Agavendicksaft

Nährwerte p. P.

120 kcal
30 g Kohlenhydrate
0 g Fett
2 g Eiweiß

1 Bereiten Sie die schwarz-blaue Masse vor, indem Sie die Blaubeeren vorsichtig abspülen und sie mit Agavendicksaft in einen hohen Rührbecher geben.

2 Verwenden Sie einen Mixstab, um die Masse glatt zu pürieren. Füllen Sie die Masse in einen Spritzbeutel und füllen Sie die Eisförmchen etwa zu einem Drittel. Stellen Sie sie dann für ca. 30 Minuten in den Tiefkühler, um sie leicht anzufrieren.

3 Bereiten Sie die rote Masse vor, indem Sie die Erdbeeren waschen, putzen, vierteln und ebenfalls pürieren. Füllen Sie die Erdbeermasse in einen Spritzbeutel und füllen Sie die Eisförmchen etwa zu einem weiteren Drittel. Stellen Sie sie dann für ca. 30 Minuten in den Tiefkühler, um sie leicht anzufrieren.

4 Bereiten Sie die goldgelbe Masse vor, indem Sie die Mango schälen, vom Kern lösen, in Stücke schneiden und glatt pürieren.

5 Füllen Sie die Mangomasse in einen Spritzbeutel und füllen Sie die Eisförmchen. Stecken Sie die Holzstiele in das Eis und stellen Sie die Formen dann über Nacht in den Tiefkühler.

Tipp: Geben Sie etwas Naturjoghurt hinzu, um ein cremiges Eis zu erhalten.

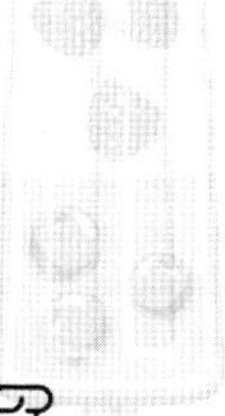

HIMBEER-JOHANNISBEER-WASSEREIS

6 Port. 20 Min. Leicht

Zutaten

1 Pck. Kaltschale Himbeer-Johannisbeere
35 g Zucker
250 ml kaltes Wasser
250 ml klarer Apfelsaft

Nährwerte p. P.

99 kcal
23 g Kohlenhydrate
0 g Fett
0 g Eiweiß

1 Mischen Sie das Pulver und den Zucker in einer Rührschüssel.

2 Fügen Sie Wasser und kalten Apfelsaft hinzu und rühren Sie die Mischung mit einem Schneebesen etwa eine Minute lang.

3 Gießen Sie die Flüssigkeit in die Eisförmchen und lassen Sie sie für etwa 30 Minuten leicht anfrieren. Stecken Sie anschließend die Holzstäbchen hinein und lassen Sie das Eis für mehrere Stunden vollständig gefrieren.

Tipp: Stellen Sie verschiedenes Wassereis mit verschiedenen Früchten und Farben her und füllen dieses abwechselnd in die Eisformen. So können Sie Regenbogeneis für Kinder zaubern.

ORANGEN-ZITRONEN-WASSEREIS

4 Port. 20 Min. Leicht

Zutaten

30 g Zucker
2 TL Zitronensaft
550 ml Orangensaft

Nährwerte p. P.

83 kcal
20 g Kohlenhydrate
0 g Fett
0 g Eiweiß

1 Geben Sie Zucker, Zitronensaft und etwa 100 ml Orangensaft in einen kleinen Topf und erhitzen Sie es unter ständigem Rühren. Sobald sich der Zucker aufgelöst hat, nehmen Sie den Topf vom Herd.

2 Vermengen Sie die Zuckermischung mit dem restlichen Orangensaft und gießen Sie sie schließlich in die Eisförmchen und geben die Holzstiele hinein.

3 Stellen Sie die Förmchen über Nacht ins Gefrierfach.

Tipp: Anstelle der Zitrone können Sie auch Limette verwenden.

     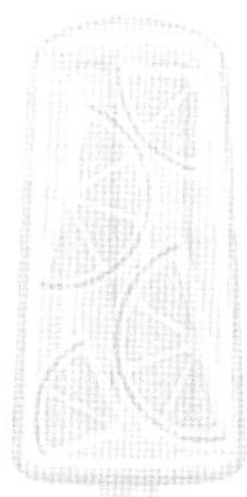 

Gemüseeis

KIWI-SPINAT-EIS

4 Port. 20 Min. Leicht

Zutaten

30 g Mandelmus
200 ml Wasser
50 g frischer Babyspinat
4 Kiwis

Nährwerte p. P.

63 kcal
13 g Kohlenhydrate
1 g Fett
1 g Eiweiß

1 Vermengen Sie das Mandelmus, das Wasser, den frischen Babyspinat und die Kiwis in einem Mixer und pürieren alles fein.

2 Füllen Sie die individuellen Mischungen anschließend in die Eisformen, stecken die Holzspieße hinein und lassen Sie sie über Nacht einfrieren.

Tipp: Fügen Sie gehackte Mandeln hinzu. Diese verleihen dem Eis eine knusprige Note.

ZUCCHINI-HONIG-EIS

10 Port. 20 Min. Leicht

Zutaten

10 g geriebener Ingwer
5 - 7 Stiele Minze
3 EL Honig
400 ml Wasser
50 ml Zitronensaft
2 Zucchini

Nährwerte p. P.

32 kcal
8 g Kohlenhydrate
0 g Fett
0 g Eiweiß

1 Waschen Sie die Zucchini und raspeln Sie sie anschließend. Pürieren Sie die geraspelten Zucchini dann zusammen mit dem geriebenen Ingwer und den fein gehackten Minzblättern.

2 Vermengen Sie Wasser, Honig und Zitronensaft und geben Sie die Mischung zur Gemüsemasse. Rühren Sie alles gut um.

3 Füllen Sie die entstandene Masse in Eisförmchen und lassen Sie sie für eine Stunde leicht anfrieren. Stecken Sie dann die Holzstiele hinein und lassen Sie das Ganze über Nacht im Tiefkühler gefrieren.

Tipp: Nutzen Sie Ahornsirup anstelle von Honig.

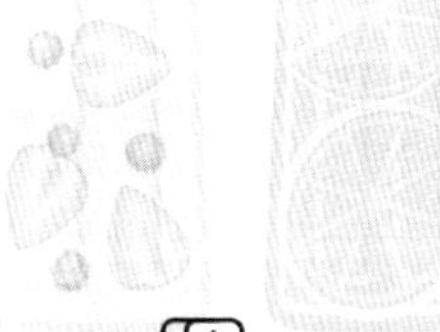     

KAROTTEN-LAVENDEL-EIS

 10 Port.
 20 Min.
 Mittel

Zutaten

1 Zitrone
250 ml Orangensaft
100 g Kumquats
500 ml Karottensaft
200 g Honig
1 EL Lavendelblüten

Nährwerte p. P.

59 kcal
15 g Kohlenhydrate
0 g Fett
0 g Eiweiß

1 Waschen Sie die Karotten gründlich und entsaften Sie sie. Waschen Sie die Orangen und die Zitrone mit warmem Wasser. Reiben Sie die Schale zweier Orangen ab.

2 Pressen Sie den Saft der Orangen und der Zitrone aus. Waschen Sie die Kumquats, würfeln Sie diese und entfernen Sie dabei die Kerne.

3 Geben Sie den Honig in einen kleinen Topf und kochen Sie ihn für etwa vier Minuten bei mittlerer Hitze gut ein. Nehmen Sie danach den Topf vom Herd und löschen Sie den Honig mit der Hälfte des Orangensaftes ab.

4 Kochen Sie die Mischung ein, damit sich der Honig lösen kann. Nehmen Sie den Topf vom Herd, um die Masse abkühlen zu lassen. Geben Sie die Kumquats in den lauwarmen Honig und lassen Sie sie über Nacht ziehen.

5 Verrühren Sie Karottensaft und Orangensaft miteinander. Fügen Sie außerdem den Honig, die Orangenschale, die Kumquats und die Lavendelblüten hinzu.

6 Gießen Sie die Masse in die Formen. Stecken Sie die Holzspieße hinein und stellen Sie die Eisformen ins Gefrierfach.

Tipp: Fügen Sie Chiasamen hinzu. Diese verleihen einen nussigen Geschmack.

ZUCCHINI-ERDBEER-EIS

10 Port. 20 Min. Leicht

Zutaten

275 g Erdbeeren
250 g Zucchini
3 EL Agavendicksaft
3 Blätter Minze

Nährwerte p. P.

87 kcal
21 g Kohlenhydrate
0 g Fett
2 g Eiweiß

1 Waschen Sie die Zucchini gründlich. Hacken Sie sie anschließend in kleine Stücke und blanchieren Sie sie kurz für drei Minuten.

2 Pürieren Sie nach dem Abkühlen die Zucchini mit den Erdbeeren.

3 Hacken Sie die Minze in kleine Stücke und rühren Sie sie unter. Je nach Geschmack und Süße der Erdbeeren können Sie die Masse mit Agavendicksaft süßen.

4 Füllen Sie die Masse in Eisformen und geben Sie die Holzstiele hinein. Frieren Sie das Eis über Nacht ein.

Tipp: Probieren Sie das Eis mit frischem Basilikum.

  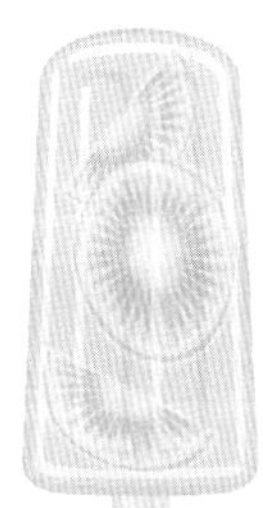    

BLAUBEER-ROTE BETE-EIS

4 Port.

20 Min.

Leicht

Zutaten

150 ml Orangensaft
150 g Blaubeeren
200 g Rote Bete
1 EL Apfeldicksaft

Nährwerte p. P.

30 kcal
7 g Kohlenhydrate
0 g Fett
0 g Eiweiß

1 Putzen Sie die Rote Bete gründlich. Brausen Sie die Blaubeeren ab.

2 Anschließend mischen Sie alle Zutaten in einem Standmixer zu einer homogenen Masse.

3 Füllen Sie die Mischung in Eisformen, geben Sie die Holzstiele hinein und lassen Sie sie für mindestens sechs Stunden im Tiefkühler.

Tipp: Für eine fruchtige Note können Sie den Orangensaft frisch auspressen.

Veganes Eis

VEGANES VANILLEEIS MIT CASHEW

3 Port.

10 Min.

Leicht

Zutaten

200 g Cashewkerne
300 ml Hafermilch
80 g Agavendicksaft
2 Vanilleschoten

Nährwerte p. P.

200 kcal
16 g Kohlenhydrate
11 g Fett
5 g Eiweiß

1 Geben Sie die Cashewkerne in eine Schüssel, übergießen Sie sie mit heißem Wasser und lassen Sie sie eine Stunde einweichen.

2 Anschließend abgießen und abtropfen lassen. Pürieren Sie die eingeweichten Cashewkerne zusammen mit veganer Milch, Süßungsmittel und dem Mark der Vanilleschote mit dem Standmixer einige Minuten, bis die Masse richtig glatt ist.

3 Die Eis-Masse in die Eismaschine geben und nach Anleitung das Eis zubereiten (dauert ca. 15 - 30 Minuten).

4 Das Eis in Formen füllen, Holzstäbchen hineingeben und ca. vier Stunden ins Tiefkühlfach stellen.

Tipp: Dazu passt eine leckere, vegane Schokoladensoße.

VEGANES ERDBEEREIS

8 Port. 15 Min. Leicht

Zutaten

300 g gefrorene Erdbeeren
100 g Ahornsirup
300 g Vollfett-Kokosmilch
100 g Cashewkerne
½ TL Vanilleextrakt

Nährwerte p. P.

177 kcal
16 g Kohlenhydrate
12 g Fett
3 g Eiweiß

1 Weichen Sie die Cashewkerne über Nacht in kaltem Wasser ein oder kochen Sie sie 20 Minuten, bis sie weich sind. Das Wasser anschließend abgießen.

2 Pürieren Sie alle Zutaten zu einer glatten Masse. Füllen Sie die Mischung in Formen, geben Sie die Holzstäbchen hinein und frieren Sie sie über Nacht ein.

Tipp: Zerbröseln Sie gefriergetrocknete Erdbeeren und wälzen Sie das Eis darin. So erhält es einen knusprig-fruchtigen Mantel.

VEGANES HIMBEER-KOKOSEIS

 4 Port.  20 Min.  Leicht

Zutaten

100 g Himbeeren
200 g Tiefkühlbeeren
1 EL Kokosblütenzucker
100 ml Kokosmilch
1 Vanilleschote
2 EL Kokosraspeln

Nährwerte p. P.

273 kcal
16 g Kohlenhydrate
21 g Fett
2 g Eiweiß

1 Geben Sie die Himbeeren mit den tiefgekühlten Beeren, Kokosblütenzucker, Kokosmilch, Vanillemark und Kokosraspeln in einen Mixer mit starker Leistung.

2 Mixen Sie die Masse zwei Minuten auf höchster Stufe. Es sollte jetzt eine cremige Eismasse entstehen. Wenn Ihr Eis zu flüssig ist, fügen Sie einfach noch ein paar mehr Tiefkühlbeeren hinzu.

3 Gießen Sie die Masse schließlich in die Eisförmchen und stecken Sie die Holzstiele hinein.

4 Stellen Sie die Förmchen über Nacht ins Gefrierfach.

Tipp: Das Eis kann auch ohne Stiel hergestellt und mit einer fruchtigen Soße serviert werden.

SCHOKOEIS VEGAN

4 Port.

10 Min.

Leicht

Zutaten

50 g Cashewkerne
50 g Schokolade
2 EL Sojajoghurt
2 EL Kakaopulver
200 ml Sojasahne

Nährwerte p. P.

150 kcal
7 g Kohlenhydrate
11 g Fett
3 g Eiweiß

1 Übergießen Sie zuerst die Cashewkerne mit heißem Wasser und lassen Sie sie ein paar Minuten einweichen.

2 Anschließend das Einweichwasser abgießen. Geben Sie die Cashewkerne zusammen mit den übrigen Zutaten in einen Standmixer und mixen Sie kurz, bis eine homogene Masse entsteht.

3 Füllen Sie die cremige Masse in Formen, stecken Sie die Holzspieße hinein und bewahren Sie sie für mindestens vier Stunden im Gefrierfach auf.

Tipp: Tauchen Sie das Eis in vegane Schokolade, um einen schönen Mantel zu erhalten.

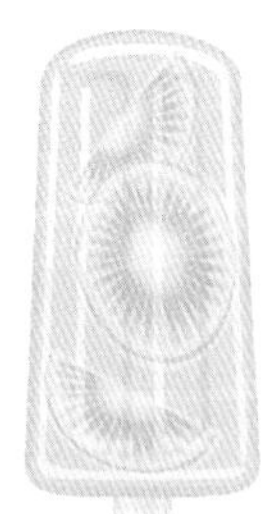

KIRSCH-BANANEN-EIS VEGAN

4 Port.

20 Min.

Leicht

Zutaten

160 g Kirschen (entsteint)
5 Bananen
4 - 6 EL Kokosmilch

Nährwerte p. P.

43 kcal
10 g Kohlenhydrate
0 g Fett
0 g Eiweiß

1 Geben Sie die Bananen und die Kokosmilch in einen Mixer und mixen Sie diese cremig.

2 Füllen Sie die Hälfte des Bananeneises in eine separate Schüssel.

3 Fügen Sie die Kirschen zur ersten Hälfte des Bananeneises hinzu und pürieren Sie alles cremig.

4 Schichten Sie das Bananeneis und das Kirscheis in die Formen und stecken Sie die Holzstiele hinein.

5 Stellen Sie die Formen über Nacht in das Gefrierfach.

Tipp: Servieren Sie das Eis mit ein wenig veganer Schokoladensoße.

Nusseis

HASELNUSSEIS

8 Port.

40 Min.

Mittel

Zutaten

2 Vanilleschoten
100 g Zucker
6 Eigelb
200 ml Milch
300 g Sahne
100 g gemahlene Haselnüsse
50 g Haselnüsse
1 Prise Salz
2 Stiele Zitronenmelisse

Nährwerte p. P.

300 kcal
19 g Kohlenhydrate
28 g Fett
5 g Eiweiß

1 Halbieren Sie die Vanilleschoten längs und kratzen Sie das Mark mit einem Messer heraus. Verrühren Sie die Eigelbe und den Zucker in einer Schüssel.

2 Bringen Sie Milch, Sahne, gemahlene Haselnüsse, Salz und die Vanilleschoten samt Mark in einem Topf zum Kochen. Geben Sie die Eigelbmischung zur Sahne und rühren und erhitzen Sie die Masse (maximal 85°C), bis sie bindet. Gießen Sie alles durch ein Sieb und lassen Sie es etwa eine Stunde abkühlen.

3 Währenddessen hacken Sie die Haselnüsse grob und rösten sie in einer Pfanne ohne Fett. Nehmen Sie sie heraus und lassen Sie sie abkühlen.

4 Mischen Sie die abgekühlte Eismasse und die Haselnüsse in einem Mixer und pürieren Sie sie cremig.

5 Füllen Sie die vorbereitete Eismasse in die Eisformen und stecken Sie Holzstiele hinein. Stellen Sie die Formen anschließend in den Gefrierschrank und lassen Sie das Eis für mindestens sechs Stunden oder über Nacht fest werden.

Tipp: Ersetzen Sie die Milch durch Mandelmilch, so erhält das Eis eine besondere Note.

SAHNE-HASELNUSSEIS

4 Port.

10 Min.

Mittel

Zutaten

5 Eigelb
150 g Zucker
100 g Haselnüsse
500 g Milch
250 g Sahne

Nährwerte p. P.

392 kcal
31 g Kohlenhydrate
26 g Fett
7 g Eiweiß

1 Rösten Sie die Haselnüsse in einer fettfreien Pfanne, bis sie leicht gebräunt sind und aromatisch duften. Anschließend grob hacken.

2 Erhitzen Sie Milch und Sahne in einem Topf fast bis zum Kochen. Fügen Sie die gerösteten Haselnüsse hinzu und köcheln Sie das Ganze einige Minuten, um den Geschmack zu infundieren. Anschließend vom Herd nehmen.

3 Schlagen Sie Zucker und Eigelb schaumig. Geben Sie langsam die abgekühlte Haselnussmilch unter ständigem Rühren dazu.

4 Geben Sie die Masse in einen Topf. Erhitzen Sie diese unter ständigem Rühren, bis die Masse eindickt und eine cremige Konsistenz erreicht.

5 Es empfiehlt sich, die Eismasse durch ein Sieb zu passieren, um Klumpen oder Nussreste zu entfernen. Die Masse sollte nun vollständig abkühlen.

6 Füllen Sie die abgekühlte Masse nun in Ihre Formen und stecken Sie die Stäbchen hinein. Das Eis nun über Nacht ins Gefrierfach stellen.

Tipp: Dieses Eis eignet sich auch wunderbar zum Frittieren und kann mit Vanillesoße serviert werden.

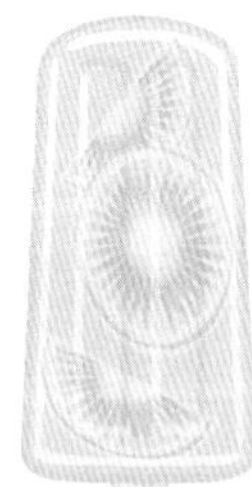

CASHEWEIS

8 Port.

10 Min.

Leicht

Zutaten

125 ml Milch
200 ml Sahne
150 g Zucker
4 Eier
100 g geröstete Cashewkerne

Nährwerte p. P.

274 kcal
23 g Kohlenhydrate
17 g Fett
6 g Eiweiß

1 Pürieren Sie die Cashews mit der Milch im Mixer oder mit dem Mixstab zu einer sehr feinen Masse.

2 Fügen Sie dann dieser Masse die Sahne, den Zucker und die Eier hinzu und pürieren Sie erneut. Dabei soll sich der Zucker auflösen.

3 Gießen Sie die Masse schließlich in die Eisförmchen und stecken Sie die Holzstiele hinein.

4 Stellen Sie die Förmchen über Nacht ins Gefrierfach.

Tipp: Heben Sie etwas Honig für einen schönen Geschmack unter.

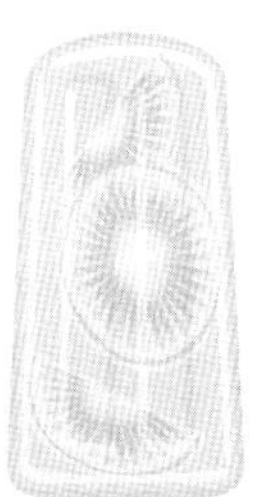

ERDNUSSEIS

8 Port.

10 Min.

Leicht

Zutaten

100 g Erdnussbutter
200 g gezuckerte Kondensmilch
250 g Schlagsahne

Für die Glasur:
250 g Kuvertüre der Wahl
1 EL Kokosöl
Einige Erdnüsse

Nährwerte p. P.

500 kcal
31 g Kohlenhydrate
52 g Fett
7 g Eiweiß

1 Geben Sie die Sahne in eine Schüssel und schlagen Sie diese steif.

2 Fügen Sie anschließend die gezuckerte Kondensmilch und die Erdnussbutter hinzu. Rühren Sie bei niedriger Geschwindigkeit kurz um.

3 Füllen Sie die entstandene Eismasse in entsprechende Formen und stecken Sie die Holzstiele hinein.

4 Frieren Sie das Eis über Nacht ein.

5 Für die Glasur und das Topping hacken Sie die Erdnüsse und rösten diese ohne Öl in einer Pfanne goldbraun.

6 Die Kuvertüre zusammen mit dem Kokosöl im Wasserbad schmelzen. Füllen Sie die Masse anschließend in ein hohes Gefäß.

7 Tauchen Sie das Erdnusseis ein, lassen Sie es abtropfen und drücken es von allen Seiten in die Erdnüsse.

Tipp: Wenn die Glasur dunkel wird, können Sie zusätzlich weiße Schokolade schmelzen und diese in Streifen darüber geben. So erhält das Eis ein schönes Aussehen.

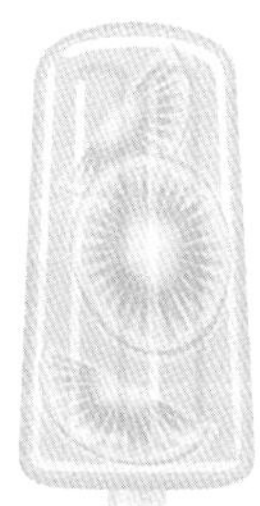

WALNUSSEIS

4 Port.

25 Min.

Leicht

Zutaten

250 ml Milch
200 g Schlagsahne
120 g Zucker
2 Eigelb
1 Päckchen Vanillezucker
100 g Walnüsse
4 cl Ahornsirup

Nährwerte p. P.

137 kcal
9 g Kohlenhydrate
10 g Fett
2 g Eiweiß

1 Schlagen Sie Eigelb und Zucker zu einer cremigen Mischung. Erwärmen Sie die Milch und fügen Sie sie zum Ei-Zucker-Gemisch hinzu, gut verrühren.

2 Erhitzen Sie die Masse erneut, bis das Eigelb bindet. Achten Sie darauf, dass sie nicht aufkocht. Lassen Sie die Mischung gründlich abkühlen, idealerweise über Nacht im Kühlschrank.

3 Hacken Sie die Walnüsse, rösten Sie sie leicht in einer Pfanne an und lassen Sie sie abkühlen. Ziehen Sie die geschlagene Sahne und die Walnüsse zusammen mit dem Ahornsirup unter die Masse.

4 Füllen Sie die Mischung in Formen, setzen Sie die Holzstiele ein und lassen Sie das Eis über Nacht im Tiefkühler.

Tipp: Ehe Sie das Eis servieren, können Sie es mit Schokolade und gehackten Nüssen garnieren, um ihm einen schönen Mantel zu verpassen.

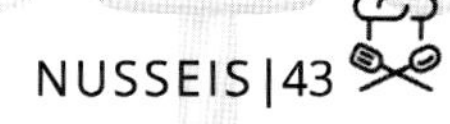

Frozen Joghurt

FROZEN JOGHURT

4 Port.

10 Min.

Leicht

Zutaten

1 Pck. Vanillezucker
500 g griechischer Joghurt
100 ml Sahne
100 g Puderzucker
Topping:
300 g Beeren

Nährwerte p. P.

400 kcal
55 g Kohlenhydrate
17 g Fett
5 g Eiweiß

1 Schlagen Sie die Sahne steif. Geben Sie die steif geschlagene Sahne zusammen mit dem griechischen Joghurt in eine Schüssel und rühren Sie mit einem Handmixer weiter, bis die Mischung schön cremig ist. Heben Sie gleichmäßig den Puderzucker und den Vanillezucker unter.

2 Stellen Sie die Joghurt-Sahne-Mischung über Nacht ins Gefrierfach. Um sicherzustellen, dass der Frozen Joghurt cremig bleibt, rühren Sie die Masse ca. alle 30 Minuten durch.

3 Garnieren Sie ihn nach Belieben mit einem Topping Ihrer Wahl, zum Beispiel mit frischen Beeren.

Tipp: Hierzu passen nicht nur Beeren, sondern auch andere frische Früchte wie Kiwi oder Banane.

ERDBEER-FROZEN-JOGHURT

2 Port. 20 Min. Leicht

Zutaten

1 EL Honig
300 g gefrorene Erdbeeren
150 g Naturjoghurt

Nährwerte p. P.

105 kcal
22 g Kohlenhydrate
1 g Fett
2 g Eiweiß

1 Geben Sie die gefrorenen Erdbeeren in einen Mixer oder pürieren Sie sie mit einem Stabmixer, bis eine sehr feine Konsistenz ähnlich großer Schneeflocken erreicht ist.

2 Mischen Sie dann Naturjoghurt und Honig hinzu und vermengen Sie alles erneut.

3 Füllen Sie die Mischung in Formen und stecken Sie die Holzstiele hinein.

4 Stellen Sie die Formen ins Gefrierfach, am besten über Nacht.

Tipp: Servieren Sie das Eis mit einer fruchtigen Erdbeersoße.

  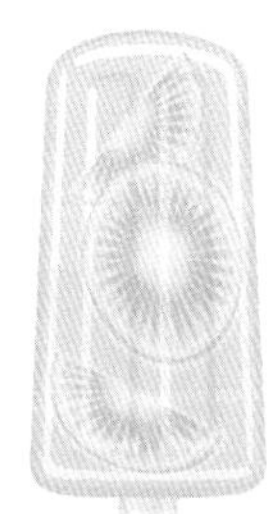    

FROZEN JOGHURT PFIRSICH-INGWER

4 Port.

20 Min.

Leicht

Zutaten

1 EL Ingwer
4 EL Ahornsirup
500 g Pfirsiche (aus der Dose)
500 g Joghurt
2 Pfirsiche
1 Bund Zitronenmelisse

Nährwerte p. P.

178 kcal
24 g Kohlenhydrate
2 g Fett
8 g Eiweiß

1 Öffnen Sie vorsichtig die Dose und gießen Sie den Saft der Pfirsiche ab.

2 Pürieren Sie die Pfirsichhälften gemeinsam mit dem Joghurt, Ingwer, Ahornsirup und der Hälfte der Zitronenmelisse zu einer cremigen Masse.

3 Waschen Sie die frischen Pfirsiche gründlich, schneiden Sie sie in feine Scheiben und geben Sie diese zu der cremigen Mischung hinzu.

4 Mischen Sie alles gut durch. Gießen Sie die entstandene Creme in Formen, stecken Sie die Holzstiele hinein und stellen Sie sie für etwa 2 - 3 Stunden oder über Nacht ins Gefrierfach.

Tipp: Sie können auch frische Pfirsiche nehmen, um einen intensiveren Geschmack zu erzielen.

FROZEN JOGHURT MIT APFELZUCKERMANTEL

4 Port.

20 Min.

Leicht

Zutaten

2 Eier
100 g Zucker
100 g Sahne
600 g griechischer Joghurt
1 Prise Salz

Für den Apfelzucker:
80 g Apfelchips
80 g Zucker
25 ml Sahne
Prise Salz

Nährwerte p. P.

301 kcal
43 g Kohlenhydrate
9 g Fett
13 g Eiweiß

1 Schlagen Sie den Joghurt zusammen mit 60 g Zucker in der Küchenmaschine schaumig. Schlagen Sie die Sahne mit dem Handrührgerät steif.

2 Trennen Sie die Eier, schlagen Sie die Eiweiße mit einer Prise Salz halbsteif und fügen Sie die restlichen 40 g Zucker hinzu. Schlagen Sie die Eiweiße sehr steif.

3 Heben Sie sowohl das steife Eiweiß als auch die Sahne vorsichtig unter den geschlagenen Joghurt, geben Sie die Mischung in die Eisförmchen und stecken Sie die Holzstiele hinein.

4 Stellen Sie die Förmchen über Nacht ins Gefrierfach.

5 Kochen Sie den Zucker mit der Sahne und einer Prise Salz unter Rühren auf, bis sich ein goldgelbes Karamell gebildet hat. Streichen Sie das Karamell auf ein mit Backpapier ausgelegtes Backblech und lassen Sie es aushärten.

6 Brechen Sie die Karamellmasse in Stücke. Zusammen mit den Apfelchips kommen die Stücke in den Mixer und werden zerkleinert.

7 Nehmen Sie den Frozen Joghurt aus den Formen und wälzen Sie ihn im Apfelzucker.

Tipp: Durch den Verzicht auf Sahne erhalten Sie ein weniger fettreiches Eis.

FROZEN JOGHURT MIT BIRNE

2 Port.

20 Min.

Leicht

Zutaten

2 Becher Vollmilch-Joghurt Natur
2 Stück Eiweiß
2 TL Puderzucker
3 saftige Birnen

Nährwerte p. P.

225 kcal
45 g Kohlenhydrate
3 g Fett
9 g Eiweiß

1 Schälen Sie die Birnen, entfernen Sie das Gehäuse und reiben Sie sie auf einer Reibe oder pürieren Sie sie im Mixer.

2 Rühren Sie anschließend den Joghurt unter. Mischen Sie das Eiweiß mit dem Puderzucker und schlagen Sie es steif. Heben Sie die Masse vorsichtig unter die Birnen-Joghurt-Mischung.

3 Gießen Sie sie schließlich in die Eisförmchen und stecken Sie die Holzstiele hinein.

4 Stellen Sie die Förmchen über Nacht ins Gefrierfach.

Tipp: Dazu passt eine schöne Karamellsoße.

Zuckerfreies Eis

ZUCKERFREIES KOKOSEIS

4 Port. 10 Min. Leicht

Zutaten

150 ml Kokosmilch
70 g vegane Sahne
1 g Xanthan
1 EL Inulin
Vanilleextrakt
50 g Erythrit
40 g Xylit

Nährwerte p. P.

187 kcal
2 g Kohlenhydrate
15 g Fett
1 g Eiweiß

1 Vermengen Sie alle trockenen Zutaten miteinander. Rühren Sie anschließend die gemischten Trockenzutaten in die Milch ein.

2 Schlagen Sie die Sahne steif und heben Sie sie vorsichtig unter die Masse.

3 Füllen Sie die Eis-Masse in die Eisförmchen und stecken Sie die Holzstiele hinein.

4 Stellen Sie die Förmchen über Nacht ins Gefrierfach.

Tipp: Fügen Sie ein paar Kokosraspeln für intensiveren Geschmack hinzu.

ZUCKERFREIES ERDBEER-BANANEN-EIS

2 Port.

10 Min.

Leicht

Zutaten

2 Bananen
200 g Erdbeeren

Nährwerte p. P.

84 kcal
21 g Kohlenhydrate
0 g Fett
1 g Eiweiß

1 Waschen Sie die Erdbeeren sorgfältig und schneiden Sie sie in kleine Stücke. Schälen Sie die Bananen und schneiden Sie sie in feine Scheiben.

2 Geben Sie die Früchte in einen leistungsstarken Mixer und pürieren Sie diese zu einer cremigen Masse.

3 Gießen Sie die Masse schließlich in die Eisförmchen und stecken Sie die Holzstiele hinein.

4 Stellen Sie die Förmchen über Nacht ins Gefrierfach.

Tipp: Sie können dem Eis auch eine pflanzliche Milch für einen abwechslungsreichen Geschmack hinzufügen.

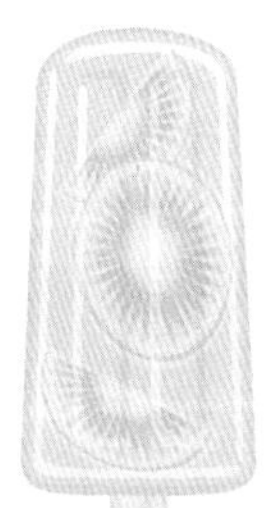

ZUCKERFREIES SAHNEEIS

6 Port. 20 Min. Leicht

Zutaten

1,5 g Guarkernmehl
10 ml Wodka
35 g Xylit
45 g Erythrit + Stevia
100 ml Schlagsahne
215 ml Milch

Nährwerte p. P.

86 kcal
2 g Kohlenhydrate
6 g Fett
1 g Eiweiß

1 Vermengen Sie das Guarkernmehl sorgfältig mit Xylit und Erythrit + Stevia, um Klümpchen in der Eismasse zu vermeiden.

2 Geben Sie dann die trockenen Zutaten zusammen mit Wodka, Milch und Sahne in den Mixer. Mixen Sie alle Zutaten, bis eine homogene Eismasse entsteht.

3 Gießen Sie sie schließlich in die Eisförmchen und stecken Sie die Holzstiele hinein.

4 Stellen Sie die Förmchen über Nacht ins Gefrierfach.

Tipp: Um dem Eis noch etwas Geschmack zu verleihen, können Sie frische Früchte pürieren und unterheben.

ZUCKERFREIES APRIKOSENEIS

6 Port. 10 Min. Leicht

Zutaten

2 Eiweiß
1 EL Xylit
2 EL Frischkäse
300 g Joghurt
120 g Aprikosen

Nährwerte p. P.

63 kcal
7 g Kohlenhydrate
1 g Fett
5 g Eiweiß

1 Verrühren Sie den Joghurt mit dem Eiweiß und dem Frischkäse zu einer glatten Masse.

2 Entsteinen Sie die Aprikosen und schneiden Sie sie in kleine Würfel. Rühren Sie die Aprikosenwürfel in die Joghurtmasse und süßen Sie nach Belieben.

3 Gießen Sie die Mischung in Ihre Formen, stecken Sie die Holzstiele hinein und geben Sie diese über Nacht ins Gefrierfach.

Tipp: Die Aprikosen können durch beliebiges Obst ersetzt werden.

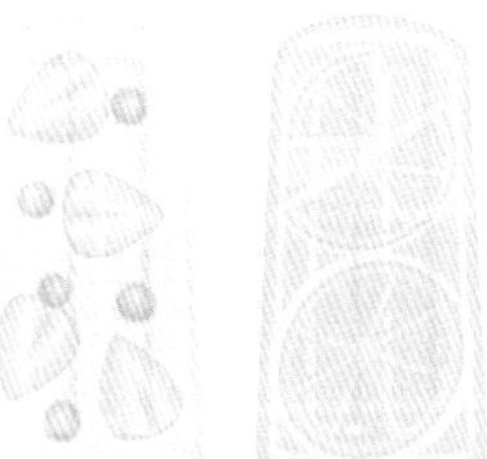 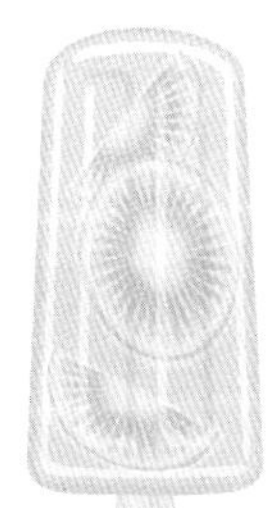    

ZUCKERFREIES WASSERMELONENEIS

6 Port.

20 Min.

Leicht

Zutaten

Saft von zwei Bio-Limetten
2 EL Xylit
½ Wassermelone ohne Kerne

Nährwerte p. P.

3 kcal
13 g Kohlenhydrate
0 g Fett
1 g Eiweiß

1 Befreien Sie zunächst die Melone von ihrer Schale und schneiden Sie diese in Würfel.

2 Pressen Sie den Saft von zwei Bio-Limetten aus. Verarbeiten Sie dann alle Zutaten im Mixer zu einer flüssigen und homogenen Masse.

3 Füllen Sie die Mischung in die Eisförmchen und stecken Sie die Holzstiele hinein.

4 Stellen Sie die Förmchen über Nacht ins Gefrierfach.

Tipp: Sie können auch auf den Zuckerersatz verzichten, wenn Sie den reinen Melonengeschmack erleben wollen.

Slush-Eis

SLUSH-EIS

2 Port. 30 Min. Leicht

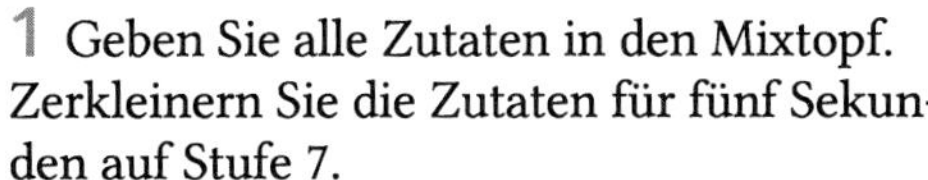

1 Geben Sie alle Zutaten in den Mixtopf. Zerkleinern Sie die Zutaten für fünf Sekunden auf Stufe 7.

2 Teilen Sie die Mischung auf zwei Gläser auf und servieren Sie sie sofort.

Zutaten

100 g kaltes Wasser
400 g Eiswürfel
80 g Sirup nach Wahl

Nährwerte p. P.

35 kcal
9 g Kohlenhydrate
0 g Fett
0 g Eiweiß

Tipp: Sie können verschiedene Sorten mischen, um ein Farbspektakel zu erzeugen.

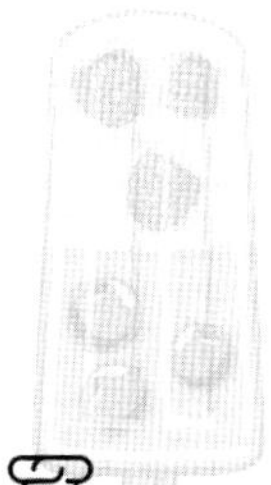

HIMBEER-SLUSH-EIS

3 Port. 2 Min. Leicht

Zutaten

30 g Zucker
125 g Fruchtsirup
250 g eiskaltes Wasser
400 g Eiswürfel

Nährwerte p. P.

77 kcal
19 g Kohlenhydrate
0 g Fett
0 g Eiweiß

1 Geben Sie alle Zutaten in den Mixtopf und mixen Sie sie für 30 Sekunden auf Stufe 10.

2 Füllen Sie die Mischung sofort in Gläser, fügen Sie einen Trinkhalm hinzu und genießen Sie.

Tipp: Nutzen Sie frische Himbeeren für einen intensiven, fruchtigen Geschmack.

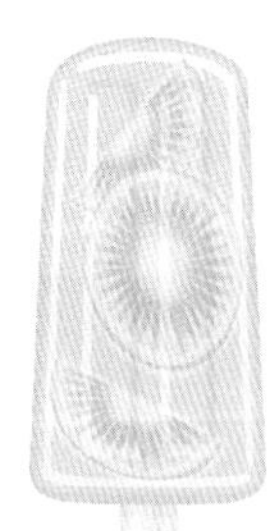

MARACUJA-SLUSH-EIS

1 Port.

2 Min.

Leicht

Zutaten

100 g Maracuja-Fruchtpüree
200 g Eiswürfel
100 ml kaltes Wasser
1 Geschmackspulver

Nährwerte p. P.

50 kcal
12 g Kohlenhydrate
0 g Fett
0 g Eiweiß

1 Geben Sie sämtliche Zutaten in den Mix-Behälter Ihres Hochleistungsmixers.

2 Mixen Sie nun für fünf bis zehn Sekunden auf höchster Stufe.

3 Das Eis ist sofort genießbar.

Tipp: Geben Sie einen Esslöffel Chiasamen oder Leinsamen hinzu, um dem Slush eine gesunde Portion Ballaststoffe und einen leicht nussigen Geschmack zu verleihen.

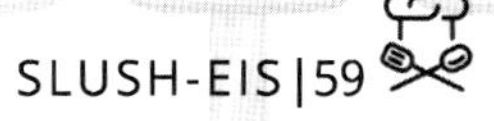

BLAUBEER-SLUSH-EIS

4 Port.

20 Min.

Leicht

Zutaten

300 g Eiswürfel
150 g Blaubeeren

Nährwerte p. P.

24 kcal
6 g Kohlenhydrate
0 g Fett
0 g Eiweiß

1 Geben Sie die Eiswürfel in einen Mixer und zerkleinern Sie diese.

2 Füllen Sie die Blaubeeren ebenfalls hinein und zerkleinern Sie beide Zutaten zusammen.

Tipp: Fügen Sie fein geriebene Zitronen- oder Orangenschalen hinzu, um dem Slush eine zusätzliche Zitrusnote zu verleihen.

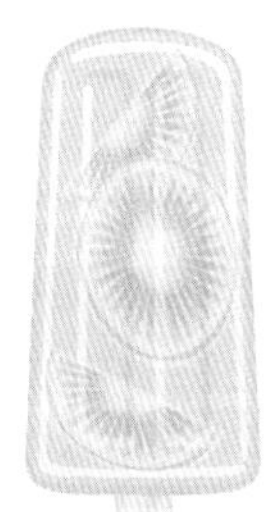

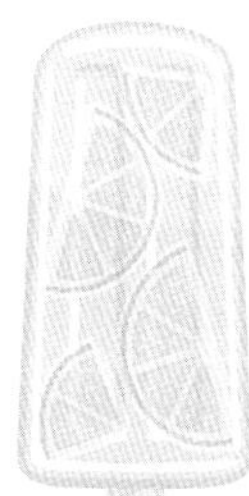

KIRSCH-SLUSH-EIS

1 Port.

5 Min.

Leicht

Zutaten

½ Tasse Kirschsaft
½ Tasse Eiswürfel
1 Prise Salz

Nährwerte p. P.

30 kcal
7 g Kohlenhydrate
0 g Fett
0 g Eiweiß

1 Geben Sie die Eiswürfel in einen Mixer und zerkleinern Sie die Eiswürfel für 30 Sekunden auf der niedrigsten Stufe.

2 Gießen Sie nun den Kirschsaft in den Mixerbehälter.

3 Mischen Sie weitere 20 Sekunden, bis die gewünschte Konsistenz erreicht ist.

4 Füllen Sie das Getränk sofort in einen Becher und genießen Sie es!

Tipp: Einige frische Minzblätter können dem Kirsch-Slush-Eis eine zusätzliche Frische verleihen. Sie eignen sich auch gut als Dekoration.

Mochi-Eis

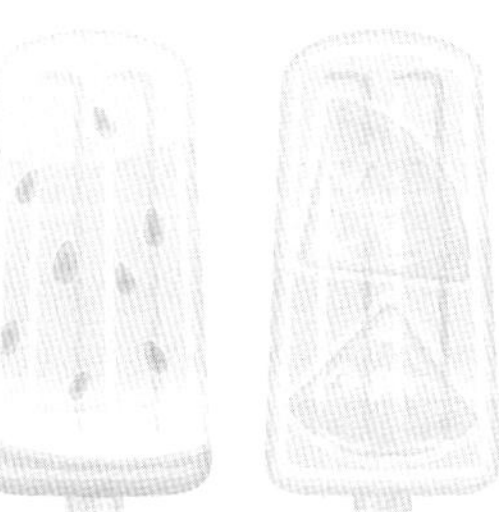

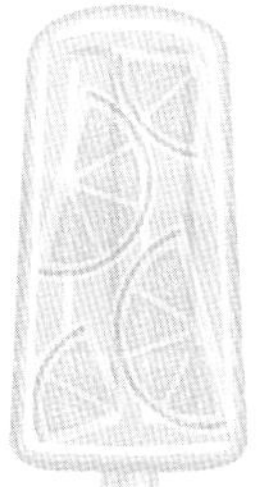

WALNUSS-MOCHI-EIS

2 Port.

30 Min.

Leicht

Zutaten

100 g Klebreismehl
100 g Zucker
150 ml Wasser
250 g Walnusseis
Kartoffelstärke zum Bestäuben
Papierförmchen

Nährwerte p. P.

250 kcal
47 g Kohlenhydrate
7 g Fett
3 g Eiweiß

1 Setzen Sie Papierförmchen in ein Muffinblech. Verteilen Sie die Eiskugeln auf die Förmchen und frieren Sie sie für eine Stunde ein.

2 Vermengen Sie Klebreismehl, Zucker und Wasser. Erhitzen Sie die Mischung in einer Pfanne und rühren Sie ständig, bis der Teig glänzt.

3 Kneten Sie ihn für etwa zehn Minuten, bis er elastisch ist. Formen Sie den Teig zu Fladen und frieren Sie ihn für eine Stunde ein.

4 Ummanteln Sie die gefrorenen Eiskugeln mit den Teigfladen. Glätten Sie Überstände. Frieren Sie die Kugeln für weitere 30 Minuten ein und servieren Sie sie dann.

Tipp: Bestreuen Sie das Mochi-Eis mit Kokosraspeln für eine exotische Note.

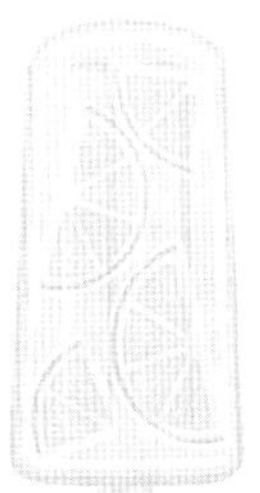

EINFACHES MOCHI-EIS

4 Port.

20 Min.

Leicht

Zutaten

100 g Klebreismehl
80 g Zucker
400 g Milchspeiseeis
Kartoffelstärke zum Bestäuben

Nährwerte p. P.

205 kcal
45 g Kohlenhydrate
3 g Fett
3 g Eiweiß

1 Teilen Sie das Eis in vier Kugeln, wickeln Sie sie einzeln in Frischhaltefolie und frieren Sie sie eine Stunde lang ein.

2 Verrühren Sie Klebreismehl, Wasser und Zucker in einer Pfanne. Erhitzen Sie die Mischung bei starker Hitze, bis der Reismehlteig elastisch und glänzend wird (ca. zehn Minuten).

3 Bestäuben Sie eine Form mit Kartoffelstärke, formen Sie Fladen aus dem Teig und lassen Sie sie eine Stunde im Tiefkühlfach ruhen.

4 Nehmen Sie jeweils eine Eiskugel, umhüllen Sie sie mit einem Teigfladen und frieren Sie sie mindestens zehn Minuten ein, bevor Sie sie servieren.

Tipp: Eine leichte Soße aus geröstetem Sesam oder Erdnüssen kann dem Mochi einen intensiveren Geschmack verleihen. Sie können auch eine süße Soße auf Basis von Kondensmilch oder Sirup zubereiten.

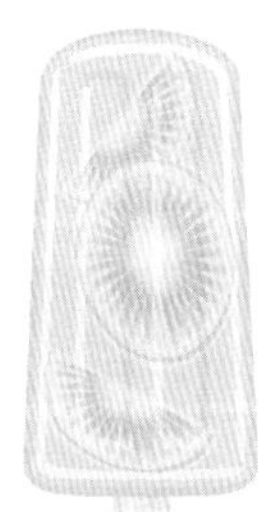

MATCHA MOCHI

4 Port.

1 Std.

Mittel

Zutaten

3 EL Matcha
¼ TL Pandan-Extrakt
100 g Reismehl
130 g Zucker
Pancetta
360 ml Vollmilch (3,5 %)
180 ml Wasser
480 ml Schlagsahne
3 EL Speisestärke

Nährwerte p. P.

828 kcal
69 g Kohlenhydrate
59 g Fett
4 g Eiweiß

1 Geben Sie die Milch und 110 g Zucker in einen Kochtopf. Rühren Sie bei mittlerer Hitze gut durch, bis sich der Zucker auflöst.

2 Füllen Sie die Mischung in eine Schüssel um und lassen Sie sie abkühlen.

3 Geben Sie bis auf drei Esslöffel die Sahne in eine Schüssel. Mischen Sie die restliche Sahne mit Matcha-Pulver und fügen Sie sie hinzu.

4 Rühren Sie die Sahnemischung in der Eismaschine 20 Minuten lang auf Stufe 1, bis die Eismasse die gewünschte Festigkeit hat. Frieren Sie die Masse für vier Stunden ein.

5 Geben Sie das Reismehl, das Wasser und 20 g Zucker in eine Schüssel. Vermengen Sie die Zutaten zu einem glatten Teig.

6 Geben Sie die Schüssel in die Mikrowelle und erwärmen Sie die Masse ca. eine Minute bei 900 Watt. Rühren Sie das Pandan-Extrakt unter, decken Sie alles ab und erwärmen Sie den Teig eine Minute in der Mikrowelle.

7 Bemehlen Sie die Arbeitsfläche und den Teigroller mit Speisestärke. Rollen Sie den Mochi-Teig aus und stechen Sie kreisrunde Teigstücke aus. Formen Sie Eiskugeln, legen Sie diese auf den Mochi-Teig und formen Sie daraus Bällchen.

Tipp: Garnieren Sie das Matcha Mochi mit frischen Früchten wie Erdbeeren, Kiwis oder Mango. Die fruchtige Frische bildet einen schönen Kontrast zum klebrigen Mochi.

MOCHI-EIS MIT PISTAZIEN

8 Port. 35 Min. Leicht

Zutaten

1 EL Matcha-Pulver
25 g Zucker
4 EL Speisestärke
100 g Reismehl
8 EL Pistazieneiscreme

Nährwerte p. P.

101 kcal
20 g Kohlenhydrate
1 g Fett
1 g Eiweiß

1 Mischen Sie das Reismehl in einer Schüssel mit 100 ml Wasser, Zucker und Matcha-Pulver.

2 Erhitzen Sie eine kleine beschichtete Pfanne und erwärmen Sie die Mischung bei mittlerer Hitze unter ständigem Rühren mit einem Kochlöffel.

3 Nach einigen Minuten sollte ein elastischer Teig entstehen. Lassen Sie diesen kurz abkühlen.

4 Bestreuen Sie eine saubere Arbeitsfläche mit der Speisestärke und rollen Sie den Mochi-Teig darauf dünn aus. Stechen Sie mit einer großen Tasse oder einem runden Ausstecher acht gleich große Kreise aus.

5 Setzen Sie auf jeden Kreis einen Esslöffel Pistazieneiscreme, bestreichen Sie die Teigränder mit Wasser, hüllen Sie den Teig um die Eiscreme und verschließen Sie ihn fest.

6 Kühlen Sie die gefüllten Mochi vor dem Servieren etwa 30 - 45 Minuten im Gefrierschrank.

Tipp: Servieren Sie das Eis mit Ahornsirup und streuen Sie gehackte Pistazien darüber.

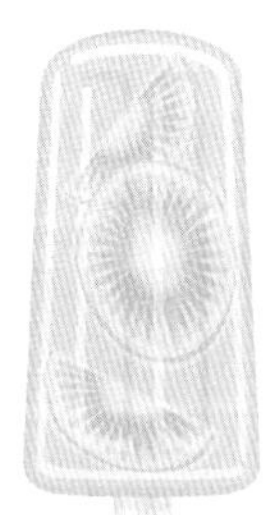

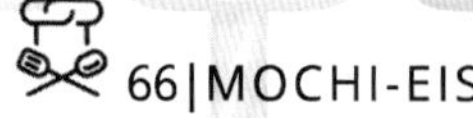

VANILLE-HIMBEER-MOCHI-EIS

6 Port.

1 Std.

Schwer

Zutaten

150 ml Wasser
80 g Klebreismehl
50 g Zucker
50 g Speisestärke
6 TL Vanilleeis
1 TL 100 % Himbeere

Nährwerte p. P.

150 kcal
32 g Kohlenhydrate
0 g Fett
1 g Eiweiß

1 Vermengen Sie Klebreismehl, Zucker, Wasser und unser 100 % Himbeerpulver in einer Schüssel zu einer einheitlichen Flüssigkeit.

2 Erwärmen Sie die Mischung abgedeckt in der Mikrowelle auf höchster Stufe (800W) für fünf Minuten oder alternativ im Wasserbad für etwa 20 Minuten, bis sich eine klebrige Konsistenz bildet. Decken Sie die Flüssigkeit leicht ab und rühren Sie sie mehrmals um.

3 Bestreuen Sie eine Arbeitsfläche mit Speisestärke und legen Sie den Teig darauf. Streuen Sie die Oberfläche des Teiges gut mit Speisestärke ein und rollen Sie den Teig mit einem Nudelholz flach aus.

4 Schneiden Sie mit einem runden Dessertring sechs Teiglinge aus. Füllen Sie jeden Teigling mit einem Teelöffel Vanilleeis und verschließen Sie den Teig vorsichtig, indem Sie die Enden gut zusammendrücken.

5 Drehen Sie das Mochi-Eis um, platzieren Sie es auf einem flachen Teller und stellen Sie es für mindestens zwei Stunden in den Tiefkühler.

Tipp: Servieren Sie das Eis mit Ihrer Lieblingssoße.

Softeis

VANILLE-SOFTEIS

 4 Port.
 35 Min.
 Mittel

Zutaten

6 Eier
750 ml kalte Sahne
150 g Honig
1 Vanilleschote
2 Prisen Salz

Nährwerte p. P.

870 kcal
40 g Kohlenhydrate
71 g Fett
13 g Eiweiß

1 Verrühren Sie in einem Topf Honig, Vanillemark und die Sahne gut miteinander. Kochen Sie die Masse auf und lassen Sie sie anschließend abkühlen. Wenn der Topf nicht mehr so heiß ist, darf er dafür in den Kühlschrank.

2 Schlagen Sie vier Eier auf und geben Sie das Eigelb der vier Eier zur Sahne-Mischung. Nun schlagen Sie die letzten zwei Eier auf und geben diese mit Salz vermischt hinzu. Verarbeiten Sie alles zu einem glatten Teig.

3 Füllen Sie die fertige Masse in die Eismaschine. Verarbeiten Sie das Eis zu einer locker-cremigen Masse. Dies dauert etwa 35 Minuten.

4 Stellen Sie Ihren Spritzbeutel in ein hohes Gefäß. Klappen Sie die Öffnung um den Becherrand. So können Sie das Eis später leicht einfüllen. Füllen Sie das Eis in Waffeln und genießen Sie es.

Tipp: Sie können die Masse halbieren und eine Hälfte mit Erdbeersirup vermengen. Beide Eissorten können Sie dann schichtweise in Ihre Waffel oder Ihren Becher füllen.

MANGO-SOFTEIS

8 Port.

15 Min.

Leicht

Zutaten

500 g TK-Mangostücke
1 Eiweiß
100 g Zucker
20 g Vanillezucker

Nährwerte p. P.

31 kcal
6 g Kohlenhydrate
0 g Fett
0 g Eiweiß

1 Die Mangostücke leicht antauen lassen, damit sie sich besser verarbeiten lassen. Geben Sie die aufgetauten Mangostücke in einen Mixer.

2 Geben Sie das Eiweiß in eine fettfreie Schüssel und schlagen Sie es mit einem sauberen Mixer oder Schneebesen steif.

3 Fügen Sie den Zucker sowie den Vanillezucker hinzu. Schlagen Sie dabei weiterhin das Eiweiß auf.

4 Geben Sie die geschlagene Eiweiß-Zucker-Masse vorsichtig zu den Mangostücken in den Mixer.

5 Mixen Sie die Zutaten, bis eine gleichmäßige und cremige Konsistenz erreicht ist.

6 Geben Sie die Mischung in eine Eismaschine und verarbeiten Sie es nach den Anweisungen der Maschine zu Softeis.

7 Füllen Sie das Softeis in Schalen oder Waffelhörnchen und genießen Sie es sofort.

Tipp: Mit frischer Mango erhält das Eis einen fruchtigeren Geschmack.

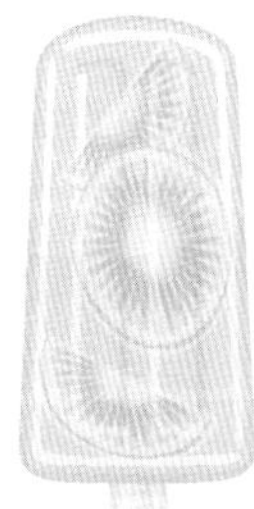

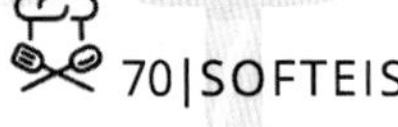

BUNTES SAHNE-SOFTEIS

7 Port.

5 Min.

Leicht

Zutaten

50 ml Vollmilch
300 ml Sahne
200 ml gezuckerte Kondensmilch
½ TL Vanillepaste
Toppings:
Schokolinsen
Zuckerstreusel
Schokosauce
Karamellsauce

Nährwerte p. P.

57 kcal
5 g Kohlenhydrate
4 g Fett
0 g Eiweiß

1 Schlagen Sie in einer Schüssel die Sahne steif, bis sie fest ist. Fügen Sie die Vollmilch hinzu. Heben Sie die Vanillepaste unter.

2 Geben Sie die gezuckerte Kondensmilch in die Mischung und rühren Sie weiter, bis alles gut miteinander verbunden ist.

3 Füllen Sie die Mischung in Ihre Eismaschine und rühren Sie diese zu einer cremigen Masse.

4 Für den Fall, dass Sie keine Eismaschine besitzen, kann die Mischung in eine abdeckbare Schüssel gefüllt und über Nacht eingefroren werden.

5 Servieren Sie das selbstgemachte Softeis in Waffeln oder Bechern und dekorieren Sie es nach Belieben mit den Toppings. Genießen Sie Ihr köstliches Softeis!

Tipp: Sie können die Toppings auch durch frisches Obst ersetzen.

BROMBEER-SOFTEIS

4 Port.

20 Min.

Leicht

Zutaten

300 g Brombeeren
50 g Zucker
1 TL Vanillezucker
2 Eiweiß

Nährwerte p. P.

101 kcal
23 g Kohlenhydrate
0 g Fett
2 g Eiweiß

1 Geben Sie Zucker und Vanillezucker in den Mixtopf und pulverisieren Sie das Ganze zehn Sekunden lang auf Stufe 10.

2 Fügen Sie die Früchte hinzu und zerkleinern Sie sie 15 Sekunden lang auf Stufe 8. Schieben Sie die Mischung mit dem Spatel nach unten.

3 Geben Sie das Eiweiß hinzu und rühren Sie es kurz unter, fünf Sekunden lang auf Stufe 4. Setzen Sie den Schmetterlingaufsatz ein und lassen Sie die Mischung zwei Minuten lang auf Stufe 4 verrühren.

4 Servieren Sie sofort oder stellen Sie das Eis 15-30 Minuten lang in die Gefriertruhe, bevor Sie sie servieren.

Tipp: Wer es weniger süß mag, kann den Zucker durch Agavendicksaft ersetzen.

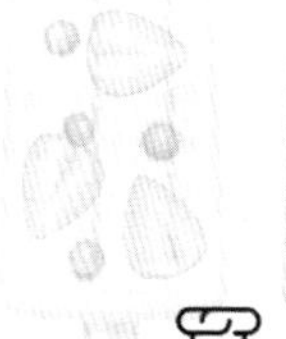

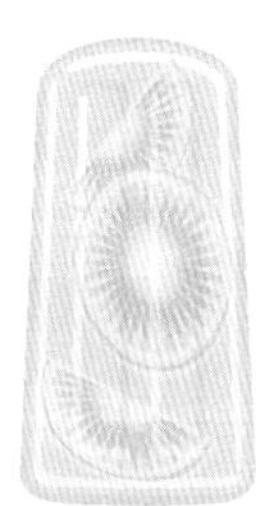

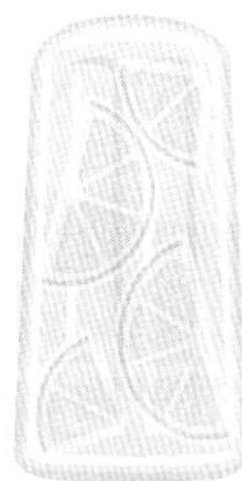

PFLAUMEN AUF ZIMT-SOFTEIS

4 Port.

20 Min.

Mittel

Zutaten

200 g Vanilleeis
500 g tiefgekühlte Zwetschgen
2 EL Zucker
2 TL Zimt
1 EL Zwetschgen-schnaps

Nährwerte p. P.

128 kcal
27 g Kohlenhydrate
4 g Fett
5 g Eiweiß

1 Bedecken Sie die Zwetschgen mit Zucker und lassen Sie sie bei kleiner Hitze etwa zehn Minuten lang knapp weich köcheln.

2 Lassen Sie sie anschließend leicht abkühlen und mischen Sie dann den Schnaps darunter.

3 Geben Sie das Vanilleeis in eine Schüssel und rühren Sie es mit dem Schneebesen des Handrührgeräts etwa eine Minute lang um.

4 Fügen Sie den Zimt hinzu und rühren Sie kurz weiter, bis ein Softeis entsteht. Richten Sie das fertige Eis in vorbereiteten, idealerweise gekühlten Schälchen an und verteilen Sie die Zwetschgen darauf oder servieren Sie sie als Beilage.

Tipp: Servieren Sie das Eis mit Vanillesoße und verzaubern Sie Ihre Gäste mit einzigartigem Geschmack.

Kindereis

KINDER-BANANEN-ERDBEER-EIS

6 Port.

5 Min.

Leicht

Zutaten

200 g Joghurt
2 EL weißes Mandelmus
100 g Erdbeeren
1 kleine Banane

Nährwerte p. P.

68 kcal
6 g Kohlenhydrate
4 g Fett
1 g Eiweiß

1 Waschen Sie die Erdbeeren, putzen Sie sie und schneiden Sie sie in kleinere Stücke. Schälen Sie die Banane und schneiden Sie sie in Scheiben.

2 Geben Sie alle Zutaten in eine Schüssel und mischen Sie diese mit einem Mixer. Mixen Sie alles gut, bis eine gleichmäßige und cremige Konsistenz erreicht ist. Füllen Sie die Eismasse in eine Eisform oder verteilen Sie sie in kleine Behälter.

3 Stellen Sie die Eismasse über Nacht in das Gefrierfach und lassen Sie diese einfrieren. Nehmen Sie das Eis vor dem Servieren aus der Form und garnieren Sie es optional mit frischen Erdbeerstücken oder einem Hauch Mandelmus.

Tipp: Ersetzen Sie Erdbeeren durch Kirschen. Ihr Kind hat sicher Freude am Kiba-Eis.

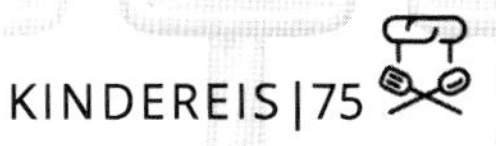

KIWI-WASSERMELONEN-EIS

8 Port. 15 Min. Leicht

Zutaten

200 g Kokosmilch
500 g Wassermelone
2 Kiwis

Nährwerte p. P.

76 kcal
8 g Kohlenhydrate
5 g Fett
0 g Eiweiß

1 Schälen Sie die Wassermelone und entfernen Sie nach Möglichkeit die Kerne. Pürieren Sie das Fruchtfleisch, entweder mit einem Gerät wie dem Thermomix oder einem Pürierstab.

2 Füllen Sie das Püree in acht Eisformen, sodass sie etwa zu ⅔ gefüllt sind. Lassen Sie die Formen für eine Stunde einfrieren.

3 Nehmen Sie Ihre Formen noch einmal kurz aus dem Tiefkühler und stecken Sie die Holzstiele hinein. Frieren Sie das Eis weitere 30 Minuten ein.

4 Verteilen Sie dann die Kokosmilch gleichmäßig auf die Eisformen und lassen Sie sie für eine Stunde im Tiefkühler durchfrieren.

5 Schälen Sie die Kiwis und pürieren Sie sie. Geben Sie ungefähr einen Esslöffel Kiwipüree auf jedes Eis und frieren Sie die Formen erneut für drei Stunden ein.

Tipp: Kokosmilch kann durch Mandelmilch ersetzt werden.

  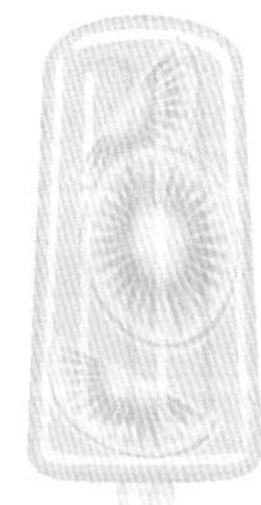    

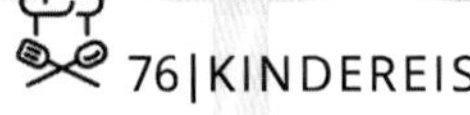

BEERENEIS

4 Port.

10 Min.

Leicht

Zutaten

100 g Naturjoghurt
400 g Beeren-Mix

Nährwerte p. P.

57 kcal
10 g Kohlenhydrate
1 g Fett
1 g Eiweiß

1 Putzen Sie die Beeren und pürieren Sie diese.

2 Vermengen Sie das Beerenpüree mit dem Joghurt und füllen Sie die Mischung in die Eisformen. Stecken Sie die Holzstiele hinein.

3 Stellen Sie die Eisformen über Nacht in das Gefrierfach.

Tipp: Sie können mehrere Eissorten mit verschiedenen Beeren herstellen und diese in die Formen schichten. So erlebt Ihr Kind verschiedene Geschmacksrichtungen.

BANANENEIS

5 Port. 10 Min. Leicht

Zutaten

150 g Naturjoghurt
200 g Banane

Nährwerte p. P.

53 kcal
9 g Kohlenhydrate
1 g Fett
1 g Eiweiß

1 Entfernen Sie die Schale der Banane und geben Sie diese und den Joghurt in einen Behälter. Pürieren Sie beides mit einem Stabmixer.

2 Mixen oder pürieren Sie alles, bis keine Klümpchen mehr zu sehen sind.

3 Gießen Sie die cremige Mischung in einen Eisbehälter Ihrer Wahl. Stellen Sie den Behälter in den Tiefkühler und lassen Sie das Eis mindestens vier Stunden einfrieren, bis die Masse fest geworden ist.

Tipp: Kaufen Sie besondere Eisformen für Kinder, beispielsweise Teddybären, um nicht nur für einen tollen Geschmack, sondern auch für Spaß zu sorgen.

FRUCHTIGES WASSEREIS

4 Port.

5 Min.

Leicht

Zutaten

30 ml Fruchtsaft
100 g gemischte Früchte

Nährwerte p. P.

55 kcal
14 g Kohlenhydrate
0 g Fett
0 g Eiweiß

1 Geben Sie die gemischten Früchte in den Mixer und pürieren Sie diese. Füllen Sie den Saft hinein und mixen noch einmal alles durch.

2 Gießen Sie sie schließlich in die Eisförmchen und stecken Sie die Holzstiele hinein.

3 Stellen Sie die Förmchen über Nacht ins Gefrierfach.

Tipp: Variieren Sie mit anderen Früchten. Ihr Kind wird es lieben.

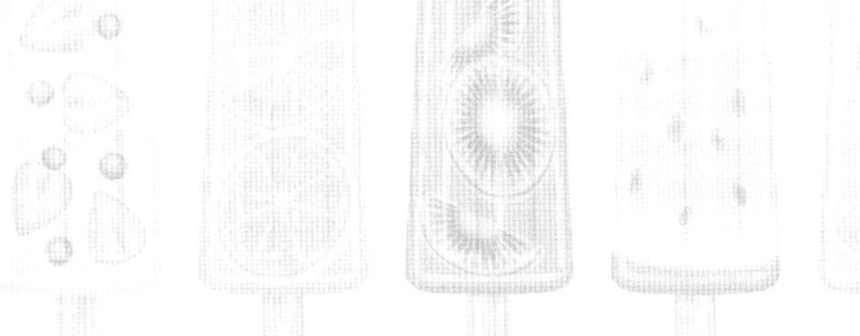

Weihnachtseis

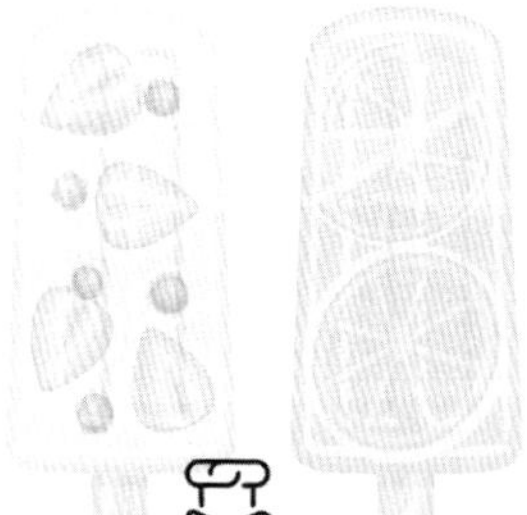
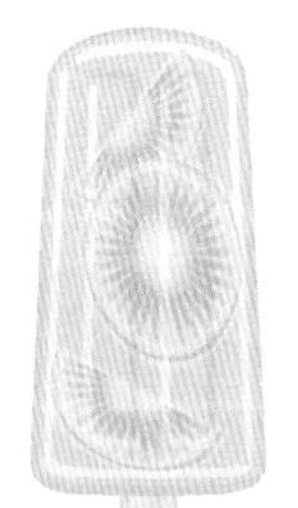

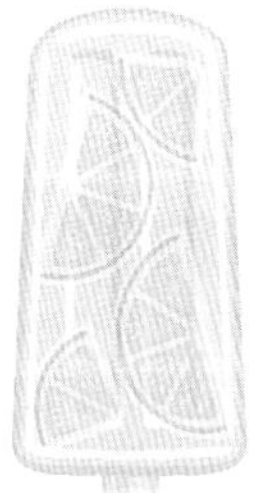

SPEKULATIUSEIS

12 Port. 40 Min. Leicht

Zutaten

1 mittlerer Apfel
100 g brauner Zucker
400 g kalte Schlagsahne
150 g Crème fraîche Classic
24 Spekulatius
1 Pck. Weihnachtsaroma
Zum Verzieren: 150 g Kuvertüre Zartbitter

Nährwerte p. P.

345 kcal
29 g Kohlenhydrate
23 g Fett
3 g Eiweiß

1 Mischen Sie die Schlagsahne mit dem Zucker, geben Sie das Weihnachtsaroma hinzu und schlagen Sie die Mischung steif. Rühren Sie die Crème fraîche unter die geschlagene Masse. Nun lassen Sie die Mischung für 30 Minuten in der Eismaschine gefrieren.

2 Schälen Sie den Apfel und raspeln Sie ihn grob. Fügen Sie die geraspelten Äpfel hinzu und lassen Sie die Mischung weitere zehn Minuten gefrieren.

3 Stellen Sie einen Backrahmen auf ein Brett. Legen Sie zwölf Spekulatius mit der Vorderseite nach unten in den Rahmen. Verteilen Sie vorsichtig die gefrorene Eismasse darauf. Belegen Sie das Eis mit den restlichen Spekulatius und lassen Sie das Eis mindestens zwei Stunden gefrieren.

4 Zerkleinern Sie die Kuvertüre grob und schmelzen Sie sie im Wasserbad bei schwacher Hitze.

5 Schneiden Sie das Eis in zwölf gleich große Stücke. Tauchen Sie die Ränder der Eisstücke in die geschmolzene Kuvertüre und lassen Sie sie fest werden.

Tipp: Servieren Sie das Eis mit einer feinen Schokoladensoße.

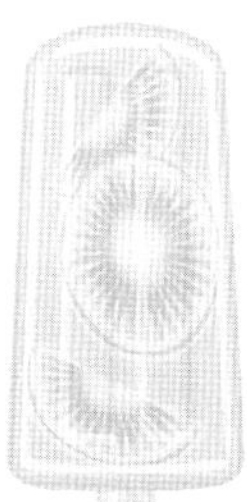

ORANGEN-HONIG-WEIHNACHTSEIS

6 Port. 1 Std. Leicht

Zutaten

125 g Früchtebrot
50 g Pekannüsse
1 Orange
1 l Bourbon-Vanilleeis
2 - 4 TL flüssigen Honig
1 EL Sonnenblumenöl
2 EL Sherry

Nährwerte p. P.

460 kcal
45 g Kohlenhydrate
26 g Fett
10 g Eiweiß

1 Heizen Sie den Ofen auf 160°C (Umluft: 140°C) vor und legen Sie ein Backblech mit Backpapier aus. Waschen Sie die Orange heiß, tupfen Sie sie trocken und schneiden Sie sie in etwa 4 mm dicke Scheiben.

2 Platzieren Sie die Scheiben nebeneinander auf dem Blech und bestreichen Sie sie mit ein bis zwei Esslöffeln Honig. Backen Sie die Orangenscheiben im vorgeheizten Ofen für etwa 45 Minuten, bis sie leicht karamellisieren. Nehmen Sie sie heraus und lassen Sie sie abkühlen.

3 Währenddessen lassen Sie das Vanilleeis für die Eisbömbchen antauen. Fetten Sie Portionsförmchen oder Tassen mit etwas Öl ein. Zupfen oder schneiden Sie das Früchtebrot in kleine Stücke und beträufeln Sie es mit Sherry.

4 Hacken Sie die Pekannüsse grob und rösten Sie sie in einer trockenen Pfanne. Rühren Sie das Früchtebrot und die Nüsse unter das leicht angetaute Eis und füllen Sie die Mischung in die vorbereiteten Förmchen oder Tassen. Lassen Sie es erneut für mindestens eine Stunde einfrieren.

5 Zum Servieren lassen Sie die Eisförmchen etwa zehn Minuten antauen und stürzen sie auf Teller. Arrangieren Sie die karamellisierten Orangenscheiben darauf und beträufeln Sie alles mit Honig.

Tipp: Fügen Sie zerbröselte Zimtsterne oder Lebkuchenstücke hinzu, um eine weihnachtliche Würze zu erhalten.

BRATAPFEL-WEIHNACHTSEIS

4 Port.

20 Min.

Schwer

Zutaten

1 Tasse Apfelsaft
4 EL brauner Rohrzucker
100 g Butter
3 Äpfel
1 Limette
1 Prise Salz
2 Eigelb
150 ml Sahne
100 ml Milch
2 Vanilleschoten
1 TL Zimtpulver
1 TL Nelken
4 cl brauner Rum

Nährwerte p. P.

511 kcal
58 g Kohlenhydrate
38 g Fett
6 g Eiweiß

1 Kratzen Sie das Vanillemark aus den Vanilleschoten. Geben Sie die ausgekratzten Vanilleschoten, die Milch und die Sahne in einen Topf. Kochen Sie die Mischung kurz auf, stellen Sie den Herd aus und lassen Sie alles ziehen.

2 Waschen und entkernen Sie die Äpfel und schneiden Sie sie in kleine Scheiben. Braten Sie die Apfelscheiben in einer Pfanne mit Butter an. Nach drei Minuten fügen Sie Rohrzucker, Zimt und Nelken hinzu. Übergießen Sie alles mit Rum und flambieren Sie die Mischung.

3 Geben Sie den Apfelsaft und den Saft der Limette hinzu. Lassen Sie die Mischung auf mittlerer Hitze leicht köcheln, bis sie etwas eindickt. Fügen Sie eine Prise Salz hinzu und rühren Sie die Mischung regelmäßig um.

4 Gießen Sie die Mischung zum Pürieren in ein Gefäß. Streichen Sie die Masse durch ein Sieb. Seihen Sie auch die Vanillemilch und die Milch ab. Fügen Sie das Eigelb hinzu.

5 Erhitzen Sie die Mischung vorsichtig auf niedriger Stufe, bis sie sämig wird. Achten Sie darauf, dass keine Klumpen entstehen und die Mischung nicht kocht. Rühren Sie ständig.

6 Reduzieren Sie die Hitze und fügen Sie dann die Apfelmasse hinzu. Vermengen Sie beide Mischungen gründlich.

7 Gießen Sie die Masse in die Eismaschine und lassen Sie sie gefrieren. Wer keine Eismaschine hat, füllt die Masse in Formen, steckt Holzstiele hinein und lässt das Eis über Nacht im Gefrierfach.

Tipp: servieren Sie das Eis beispielsweise mit karamellisierten Walnüssen. Diese bringen einen knusprigen Biss und einen nussigen Geschmack, der das Bratapfel-Eis abrundet.

ZUCKERSTANGENEIS

4 Port. 40 Min. Leicht

Zutaten

150 ml Milch
350 ml Konditorsahne
30 g Zucker
1 TL Pfefferminzsirup
8 Zuckerstangen
pinke Lebensmittelfarbe

Nährwerte p. P.

325 kcal
32 g Kohlenhydrate
21 g Fett
1 g Eiweiß

1 Mischen Sie die Milch zusammen mit der Konditorsahne in einer Rührschüssel. Ergänzen Sie den Zucker sowie Pfefferminzsirup. Vermengen Sie die Zutaten gründlich.

2 Zerkleinern Sie sieben Zuckerstangen zu Pulver. Dies können Sie entweder mit einer Küchenmaschine erledigen oder alternativ eine Tüte verwenden und mit einem Fleischklopfer bearbeiten. Die achte Zuckerstange wird grob gebrochen.

3 Rühren Sie die Masse gut durch und geben Sie das Zuckerstangenpulver langsam hinzu.

4 Zum Abschluss geben Sie die Lebensmittelfarbe in die Masse. Ziehen Sie die Farbe mit einem Holzstab gleichmäßig unter.

5 Geben Sie die Masse in Formen und frieren Sie das Eis über Nacht ein. Vor dem Genießen können Sie das Eis mit gehackter Zuckerstange verzieren.

Tipp: Sie können Lebensmittelfarbe in verschiedenen Farben wählen, um für Abwechslung zu sorgen.

  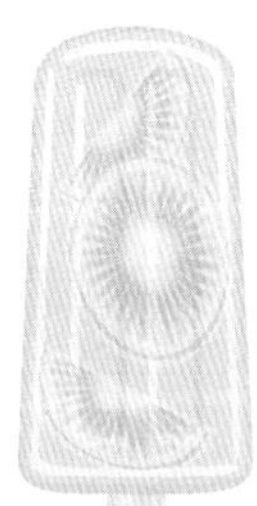    

KAKI-BANANEN-WINTEREIS

4 Port.

40 Min.

Leicht

Zutaten

1 Banane
2 Kakis
2 Msp. Lebkuchengewürz
60 g Cashewkerne
3 Msp. Ceylon-Zimt
30 g gesüßte Milchschokolade
3 EL Milch

Nährwerte p. P.

175 kcal
17 g Kohlenhydrate
11 g Fett
3 g Eiweiß

1 Schälen Sie zunächst die Kakis und Bananen. Anschließend geben Sie sie zusammen mit Cashewkernen und einer Prise Lebkuchengewürz in einen Mixer und pürieren alles zu einer gleichmäßigen Masse.

2 Gießen Sie das entstandene Fruchtpüree in weihnachtliche Silikonformen und stellen Sie diese für mindestens 3 h in den Gefrierschrank.

3 Kurz vor dem Servieren erwärmen Sie die Milch in einem Topf, nehmen ihn von der Herdplatte.

4 Schmelzen Sie die Schokolade in der Milch und rühren Sie den Zimt unter.

5 Geben Sie das Eis in Schalen und geben Sie die Schokolade darüber.

Tipp: Wer kein Lebkuchengewürz mag, ersetzt dieses mit etwas mehr Zimt.

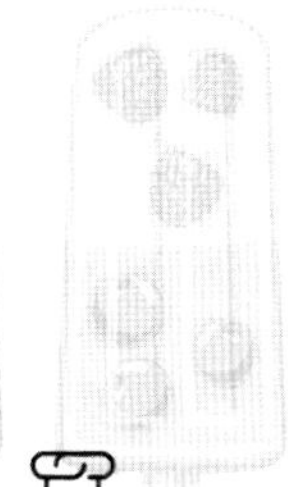

Internationales Eis

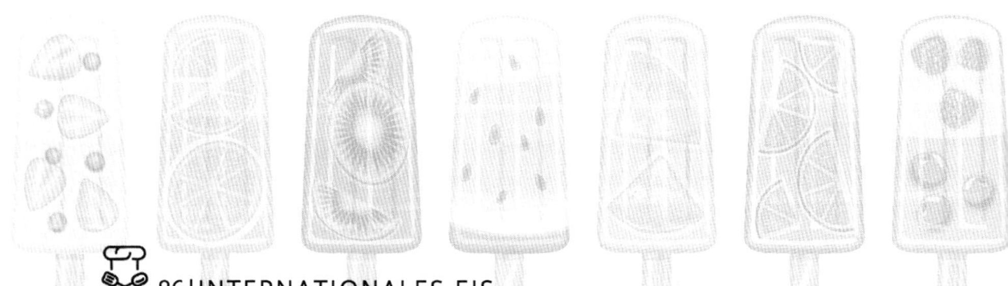

KARAMELL-PUFFREIS-SWIRL

10 Port. 25 Min. Mittel

Zutaten

300 ml Vollmilch
250 g Sahne
100 ml gezuckerte Kondensmilch
150 g Zucker
1 Prise Salz
6 Eigelbe
200 g Puffreis
100 ml Karamellsauce

Nährwerte p. P.

250 kcal
24 g Kohlenhydrate
15 g Fett
5 g Eiweiß

1 Geben Sie die Milch zusammen mit der Sahne und der Kondensmilch in einen Topf und bringen Sie sie mit der Hälfte des Zuckers zum Kochen. Lassen Sie die Mischung dann für 15 Minuten abkühlen.

2 Währenddessen schlagen Sie die Eier mit dem restlichen Zucker cremig. Fügen Sie eine Prise Salz hinzu. Geben Sie die Masse unter ständigem Rühren zur Milchmischung.

3 Setzen Sie den Topf wieder auf den Herd und erhitzen Sie die Mischung bei mittlerer Hitze.

4 Zerbröseln Sie den Puffreis fein und rühren Sie ihn mit der Karamellsauce unter die Eismasse.

5 Gießen Sie die Masse schließlich in die Eisförmchen und stecken Sie die Holzstiele hinein.

6 Stellen Sie die Förmchen über Nacht ins Gefrierfach.

Tipp: Für unvergessliche Geschmackserlebnisse können Sie mit ungewöhnlichen Geschmackskombinationen wie zum Beispiel Honig-Lavendel, Erdbeer-Balsamico oder Basilikum-Limette experimentieren.

MALAGA-EIS

4 Port. 50 Min. Schwer

Zutaten

10 g Speisestärke
400 ml Milch
1 Päckchen Vanillezucker
3 Eigelb
200 ml Sahne
130 g Zucker

Zur Vorbereitung:
80 g Rosinen
100 ml Rum

Nährwerte p. P.

538 kcal
43 g Kohlenhydrate
35 g Fett
5 g Eiweiß

1 Lassen Sie die Rosinen drei Tage lang im Rum einweichen.

2 Geben Sie 350 ml Milch in einen Topf für die Eis-Grundmasse. Fügen Sie die Hälfte des Zuckers und den Vanillezucker hinzu und bringen Sie die Mischung zum Kochen.

3 Verrühren Sie die Speisestärke mit dem restlichen Zucker, der übrigen Milch und den Eigelben. Geben Sie diese Mischung in die kochende Milch und kochen Sie sie erneut auf.

4 Nehmen Sie den Topf dann vom Herd, lassen Sie die Mischung abkühlen und fügen Sie die eingeweichten Rumrosinen hinzu.

5 Gießen Sie sie schließlich in die Eisförmchen und stecken Sie die Holzstiele hinein.

6 Stellen Sie die Förmchen über Nacht ins Gefrierfach.

Tipp: Rösten Sie einige Rosinen leicht in einer Pfanne, bevor Sie sie zum Eis hinzufügen. Dies intensiviert den Geschmack.

GESALZENES KARAMELLEIS

4 Port.

50 Min.

Schwer

Zutaten

100 ml Sojamilch
200 ml Sojasahne
50 g Cashewkerne
3 EL Agavendicksaft
1 TL Vanilleextrakt
1 TL Tapiokastärke
1 Msp. Xanthan
¼ TL Meersalz
50 g Datteln
30 ml Wasser

Nährwerte p. P.

250 kcal
25 g Kohlenhydrate
17 g Fett
2 g Eiweiß

1 Stellen Sie den Gefrierbehälter der Eismaschine über Nacht in den Tiefkühler. Währenddessen weichen Sie Cashewkerne und Datteln separat für eine Stunde in warmem Wasser ein und gießen dann das Wasser ab.

2 Mixen Sie die eingeweichten Cashewkerne zusammen mit Sojasahne, Sojamilch, Agavendicksaft und Vanilleextrakt in einem Mixer zu einer glatten Masse. Rühren Sie Tapiokastärke mit einem Esslöffel Sojamilch glatt.

3 Bringen Sie die Cashew-Sahne-Mischung unter ständigem Rühren zum Kochen. Geben Sie die Tapiokastärke hinzu. Nun kann alles ca. 30 Minuten köcheln. Nehmen Sie den Topf vom Herd und rühren Sie Xanthan gut ein.

4 Kühlen Sie die Masse mindestens eine Stunde lang im Kühlschrank. Stellen Sie die Eismaschine auf 20 Minuten ein und füllen Sie die Masse ein, während der Rührer in Betrieb ist.

5 Währenddessen pürieren Sie die Datteln zusammen mit 30 ml des Einweichwassers glatt und rühren dann das Meersalz unter. Mischen Sie das Dattelkaramell unter die fertige Eiscreme.

6 Gießen Sie sie schließlich in die Eisförmchen und stecken die Holzstiele hinein. Stellen Sie die Förmchen über Nacht ins Gefrierfach.

Tipp: Verwenden Sie echte Vanilleschoten anstelle von Vanillearoma, um ein intensiveres Aroma zu erzielen.

HIMBEER-SKYR-EIS

4 Port. 20 Min. Leicht

Zutaten

3 - 4 EL Ahornsirup
300 g tiefgefrorene Himbeeren
3 EL Skyr

Nährwerte p. P.

67 kcal
15 g Kohlenhydrate
0 g Fett
1 g Eiweiß

1 Geben Sie den Skyr, die Himbeeren sowie den Ahornsirup in eine Schüssel und mischen alles miteinander.

2 Füllen Sie die Eismasse in die Eisförmchen und stecken die Holzstiele hinein.

3 Stellen Sie die Förmchen über Nacht ins Gefrierfach.

Tipp: Pressen Sie eine halbe Zitrone aus und mischen den Saft unter. Dadurch erhalten Sie einen unvergleichlichen Geschmack.

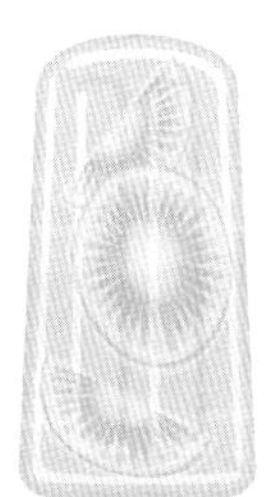

STRACCIATELLA-EIS

8 Port.

30 Min.

Leicht

Zutaten

300 ml Milch
300 g Sahne
90 g Zucker
1 TL Vanillepaste oder Mark einer Schote
80 g Zartbitter-Schokoraspel

Nährwerte p. P.

194 kcal
11 g Kohlenhydrate
15 g Fett
1 g Eiweiß

1 Füllen Sie die Vanillepaste, die Milch, den Zucker und die Sahne in eine Schüssel. Vermengen Sie alles gut miteinander, bis der Zucker aufgelöst ist.

2 Fügen Sie die Schokoraspeln hinzu.

3 Gießen Sie die Masse schließlich in die Eisförmchen und stecken die Holzstiele hinein. Stellen Sie die Förmchen über Nacht ins Gefrierfach.

Tipp: Bestmögliche Qualität erzielen Sie, wenn Sie auf hochwertige Schokolade setzen. Deren Geschmack verfeinert das Eis ungemein.

Superfood Eis

BANANEN-NICECREAM

4 Port. 15 Min. Leicht

Zutaten

etwas Superfood-Pulver
4 Bananen
2 EL Ahornsirup

Nährwerte p. P.

150 kcal
37 g Kohlenhydrate
1 g Fett
2 g Eiweiß

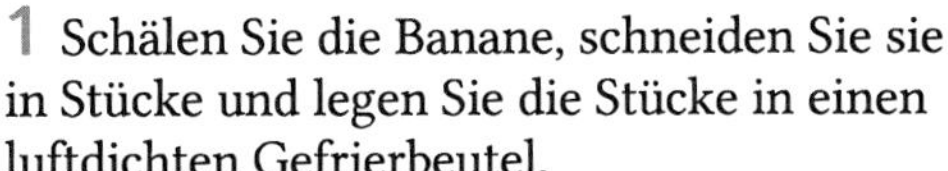

1 Schälen Sie die Banane, schneiden Sie sie in Stücke und legen Sie die Stücke in einen luftdichten Gefrierbeutel.

2 Platzieren Sie den Beutel für etwa drei Stunden (oder über Nacht) im Tiefkühlfach.

3 Nehmen Sie die gefrorenen Bananenstücke aus dem Beutel und mixen Sie sie zusammen mit den übrigen Zutaten in einem Mixer zu einer cremigen Masse. Sie können die Masse in Formen füllen und Holzstiele hineingeben oder mit Schritt 4 weitermachen.

4 Formen Sie aus der Mischung kleine Eiskugeln.

Tipp: Sie mögen Nüsse? Dann fügen Sie dem Rezept einen Esslöffel Erdnussbutter hinzu und lassen sich von dem Geschmack verzaubern.

EIS MIT SCHOKOTALER

8 Port.

1 Std.

Schwer

Zutaten

160 g frisches Kokosfleisch
300 g Cashewkerne
125 g Butter
300 g Zartbitterkuvertüre
gehackte Nüsse
½ TL Salz
Mark einer Vanilleschote
75 g Goji-Beeren
20 g Minze
2 TL Bienenpollen-Granulat
½ Granatapfelkerne

Nährwerte p. P.

890 kcal
69 g Kohlenhydrate
63 g Fett
21 g Eiweiß

5 Hacken Sie zunächst die Schokolade in kleine Stücke und schmelzen Sie sie über einem heißen Wasserbad. Verteilen Sie mit einem Esslöffel 12 - 16 Kreise auf Backpapier, streichen Sie sie glatt und bestreuen Sie sie nach Belieben. Lassen Sie die Schokolade ein bis zwei Stunden fest werden.

6 Für das Eis weichen Sie die Cashews mindestens zwei Stunden in Wasser ein. Gießen Sie sie dann ab und geben Sie sie mit dem Kokosfleisch, 250 ml Wasser, Butter, Vanillemark und Salz in einen Mixer. Pürieren Sie die Mischung zu einer cremigen Masse, wobei darauf geachtet wird, dass der Mixer nicht überhitzt.

7 Vierteln Sie die Creme. Hacken Sie ⅔ der Gojibeeren fein und pürieren Sie sie mit einem Viertel des Eises. Heben Sie die restlichen Beeren unter. Geben Sie die Mischung in eine möglichst flache Schale.

8 Brausen Sie die Minze ab, schütteln Sie sie trocken und pürieren Sie sie fein. Mischen Sie sie unter ein weiteres Viertel des Eises und füllen Sie es ebenfalls in eine flache Schale. Pürieren Sie einen Teelöffel der Bienenpollen mit einem weiteren Viertel des Eises. Mischen Sie die übrigen Pollen unter und füllen Sie die Mischung in eine flache Schale.

9 Mischen Sie die Granatapfelkerne unter das restliche Eis und füllen Sie es ebenfalls ab. Lassen Sie das Eis mindestens vier Stunden einfrieren.

10 Zum Servieren stechen Sie mit einem in heißes Wasser getauchtem Förmchen Kreise aus dem Eis aus und legen sie zwischen zwei Schokoladentaler.

Tipp: Tropfen Sie einen Hauch von Likör wie Amaretto, Rum oder Grand Marnier in jede Schicht für einen erwachsenen Geschmack.

EIS MIT GERSTENGRAS

2 Port.

5 Min.

Leicht

Zutaten

2 EL Kokoschips
5 sehr reife Bananen
2 EL helles Mandelmus
150 g gefrorene Himbeeren
1 EL Gerstengras
100 ml Haferdrink

Nährwerte p. P.

523 kcal
86 g Kohlenhydrate
16 g Fett
9 g Eiweiß

1 Schälen Sie die Bananen, schneiden Sie sie in Scheiben und frieren Sie sie mindestens vier Stunden, idealerweise über Nacht, ein.

2 Mixen Sie die gefrorenen Bananenscheiben zu einem feinen Pulver. Fügen Sie dann Haferdrink und Gerstengras hinzu und mixen Sie weiter, bis die Masse cremig wird.

3 Verteilen Sie das Eis auf zwei Schalen, bestreuen Sie es mit Kokoschips und Himbeeren und träufeln Sie Mandelmus darüber.

Tipp: Ergänzen Sie frische Früchte wie Erdbeeren, Blaubeeren oder Mango. Das bringt zusätzliche Süße und eine erfrischende Note.

GOLDENE MILCH

6 Port.

40 Min.

Leicht

Zutaten

20 g Ingwer
200 g Cashewnüsse
1 Dose Kokosmilch
100 ml Mandelmilch
120 ml Wasser
5 EL Agavendicksaft
1,5 EL Kurkuma
1 Prise Muskatnuss
1 Prise Zimt
1 Prise schwarzer Pfeffer
1 kl. TL Xanthan
1 TL geschälte Hanfsamen

Nährwerte p. P.

166 kcal
10 g Kohlenhydrate
13 g Fett
3 g Eiweiß

1 Beginnen Sie damit, eine Kurkuma-Paste herzustellen. Schälen Sie den Ingwer und reiben Sie ihn in einen Topf mit erhitztem Wasser und Kurkuma.

2 Rühren Sie die Mischung ständig um, bis sie sich verdickt, und fügen Sie dann eine Prise Muskatnuss hinzu. Lassen Sie die Paste etwa fünf bis acht Minuten eindicken und geben Sie sie anschließend in ein kleines Schälchen.

3 Anschließend bereiten Sie eine weitere Kurkuma-Paste zu und lassen sie einkochen. Geben Sie ungekochte Cashewnüsse in einen Mixer und verwenden Sie nur den festen Teil der geöffneten Kokosmilch.

4 Fügen Sie Agavendicksaft, schwarzen Pfeffer, Zimt, Xanthan, Pflanzendrink und einen Löffel der zuvor hergestellten Kurkuma-Paste hinzu.

5 Mixen Sie die goldene Milch-Creme cremig. Füllen Sie die Creme in eine Schale und verschließen Sie sie.

6 Stellen Sie das Eis über Nacht in den Tiefkühler. Vor dem Verzehr lassen Sie das Eis leicht antauen und formen cremige Eiskugeln. Beträufeln Sie das Eis mit etwas Agavendicksaft oder Ahornsirup und genießen Sie es mit geschälten Hanfsamen.

Tipp: Wer keinen Agavendicksaft mag, kann auch auf Ahornsirup zurückgreifen.

AVOCADO-NICECREAM

4 Port. 15 Min. Leicht

Zutaten

2 Limetten
3 reife Bananen
2 Avocados
30 g Kakaonibs
30 g gehackte Pistazien

Nährwerte p. P.

331 kcal
30 g Kohlenhydrate
21 g Fett
5 g Eiweiß

1 Halbieren Sie die Avocados, entfernen Sie den Kern und heben Sie das Fruchtfleisch aus der Schale.

2 Schneiden Sie es in Würfel und mischen Sie es mit dem Limettensaft. Schälen Sie die Bananen, schneiden Sie sie klein und frieren Sie sie zusammen mit den Avocadowürfeln mindestens zwei Stunden lang ein.

3 Etwa 15 Minuten vor dem Servieren nehmen Sie alles aus dem Tiefkühler und lassen es leicht antauen.

4 Pürieren Sie es dann rasch mit einem Stabmixer zu einer cremigen Nicecream und füllen Sie sie sofort in kleine, vorgekühlte Gläser.

5 Hacken Sie die Kakaonibs und streuen Sie sie zusammen mit den gehackten Pistazien über die Nicecream.

Tipp: Geben Sie etwas Schokosoße oder Karamellsoße über das Eis und verleihen ihm damit einen wunderbaren Geschmack.

Ice Cream Rolls

MINZEIS-ROLL

3 Port. | 20 Min. | Mittel

Zutaten

340 ml Sahne
300 ml gezuckerte Kondensmilch
5 ml Minzsirup
25 g Schoko-Chips
10 ml Schokoladensoße
Schokoladensoße
frische Minze

Nährwerte p. P.

133 kcal
10 g Kohlenhydrate
10 g Fett
2 g Eiweiß

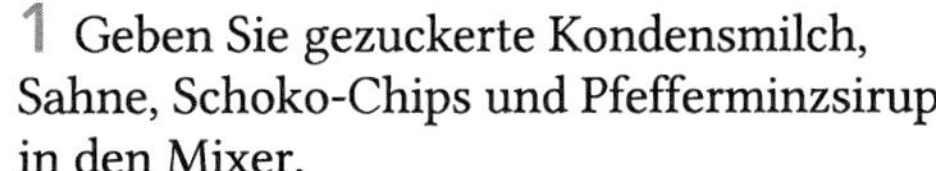

1 Geben Sie gezuckerte Kondensmilch, Sahne, Schoko-Chips und Pfefferminzsirup in den Mixer.

2 Vermengen Sie alle Zutaten gründlich miteinander. Gießen Sie die Masse auf ein vorbereitetes Backblech. Gießen Sie die Schokoladensoße darüber.

3 Stellen Sie das Backblech über Nacht in ein Gefrierfach.

4 Schneiden Sie das Eis in drei Streifen und rollen Sie diese auf.

5 Stellen Sie die Röllchen in einen Becher. Garnieren Sie diese mit der Schokoladensoße und streuen Sie frische Minze darüber.

Tipp: Ersetzen Sie den Minzsirup durch Himbeersirup, dann ist das Eis auch für Kinder ein wahrer Genuss.

KOKOS-ICE-ROLL

2 Port.

15 Min.

Leicht

Zutaten

Himbeersoße
1 TL Kokosflocken
5 Himbeeren
3 Kokoskugeln
60 g Sahne
30 g Kondensmilch
Waffeln

Nährwerte p. P.

200 kcal
15 g Kohlenhydrate
15 g Fett
2 g Eiweiß

1 Mischen Sie die Sahne und die gezuckerte Kondensmilch miteinander.

2 Hacken Sie die Himbeeren, die Kokoskugeln und die Kokosflocken auf der Eisplatte und rühren Sie alles zu einer feinen Eismasse um.

3 Streichen Sie die Eismasse flach auf die Platte und lassen Sie sie kurz gefrieren.

4 Schieben Sie dann den Spachtel unter die Eismasse und rollen Sie sie mit leichtem Druck zu Röllchen auf.

5 Stellen Sie die Eiskreation in einen Eisbecher und dekorieren Sie nach Belieben mit Waffeln, Himbeeren, Soße und Kokoskugeln.

Tipp: Zu diesem Eis schmeckt auch wunderbar Schokosoße.

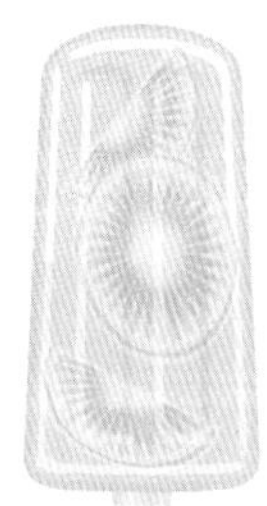

ERDNUSS-ICE-ROLL

2 Port. 15 Min. Leicht

Zutaten

1 veganer Erdnussriegel
2 EL Erdnussbutter
70 ml vegane Kondensmilch
140 ml vegane Sahne

Nährwerte p. P.

609 kcal
44 g Kohlenhydrate
42 g Fett
10 g Eiweiß

1 Verrühren Sie die vegane Sahne, die gezuckerte vegane Kondensmilch und die Erdnussbutter gründlich und lassen Sie die Mischung gut durchkühlen.

2 Hacken Sie die Mischung, bis ein feiner Brei entsteht. Das funktioniert am besten auf einer Eisplatte.

3 Streichen Sie diesen gleichmäßig auf die Platte und lassen Sie ihn gefrieren.

4 Mit einem Spachtel formen Sie dann vorsichtig Rollen und setzen sie in einen Eisbecher. Nach Belieben dekorieren.

Tipp: Sie können das Rezept auch durch nicht vegane Produkte ersetzen.

  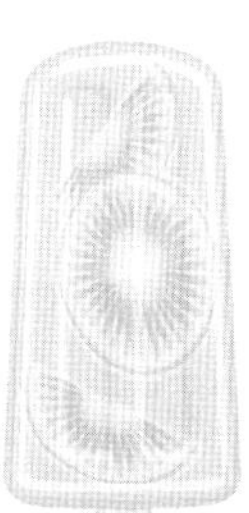    

HEIDELBEER-ICE-ROLL

 4 Port. 40 Min.  Leicht

Zutaten

Für die Eiscreme:
150 g gemischte Beeren
50 g zartbittere Schokoladenraspeln
125 g Sahnecreme Double
80 ml gezuckerte Kondensmilch
50 g Kokosraspeln
200 g Sahne
2 EL Zucker
1 Vanilleschote

Für das Topping:
1 Handvoll Heidelbeeren
1 Handvoll Kokosraspeln
einige Schokoraspel
einige Minzblätter

Für die Kokossahne:
2 EL Puderzucker
400 ml Kokosmilch

Nährwerte p. P.

859 kcal
41 g Kohlenhydrate
63 g Fett
8 g Eiweiß

1 Verrühren Sie Kokosmilch mit dem Puderzucker. Stellen Sie die Kokosmilch für die Kokossahne über Nacht in den Kühlschrank.

2 Halbieren Sie die Vanilleschote längs und kratzen Sie das Mark heraus.

3 Schlagen Sie das Vanillemark, die Sahnecreme Double, die gezuckerte Kondensmilch und die Sahne in einer hohen Schüssel mit einem Handrührgerät cremig.

4 Waschen Sie die Beeren, entfernen Sie gegebenenfalls das Grün und geben Sie diese in eine Schüssel. Fügen Sie den Zucker hinzu.

5 Pürieren Sie die Beeren fein. Heben Sie das Beerenpüree, die Kokosraspeln und die zartbitteren Schokoladenraspeln unter die geschlagene Creme.

6 Streichen Sie die entstandene Eismasse auf ein mit Backpapier belegtes Blech und stellen Sie es für mindestens 60 Minuten ins Gefrierfach.

7 Schneiden Sie die gefrorene Eismasse in Streifen und rollen diese auf. Stellen Sie die Streifen anschließend in Becher.

Tipp: Das Topping kann durch andere Zutaten ergänzt werden, beispielsweise durch Schokoraspeln und Erdbeeren.

VANILLE-ROLL

2 Port.

40 Min.

Leicht

Zutaten

500 ml Milch
Mohn nach Belieben
125 ml Sahne
Vanillemark
5 Eigelb
100 g Zucker

Nährwerte p. P.

125 kcal
10 g Kohlenhydrate
7 g Fett
2 g Eiweiß

1 Erhitzen Sie die Milch in einem Topf bis kurz vor dem Siedepunkt. Fügen Sie die Sahne hinzu und rühren Sie die Mischung gründlich um.

2 Geben Sie das Vanillemark hinzu und rühren Sie weiter, bis sich das Vanillearoma gleichmäßig verteilt hat.

3 In einer separaten Schüssel vermengen Sie Eigelb und Zucker, bis eine cremige Konsistenz entsteht. Gießen Sie die heiße Milch-Sahne-Mischung langsam über die Eigelb-Zucker-Mischung und rühren Sie ständig, um die Eier zu temperieren.

4 Geben Sie die Mischung wieder in Ihren Topf und erhitzen Sie diese, bis sie etwas eindickt. Achten Sie darauf, nicht zu kochen.

5 Rühren Sie den Mohn in die warme Eismasse ein, um ihm eine angenehme Textur und Geschmack zu verleihen. Die Eismasse kann nun abkühlen und über Nacht ins Gefrierfach.

6 Gießen Sie die kalte Eismasse auf eine ebene Fläche wie ein gefrierbeständiges Tablett oder ein Eisbrett. Verwenden Sie einen Spachtel oder eine eiskalte Metallfläche, um die Masse gleichmäßig zu verteilen und dabei Rollen zu formen.

7 Geben Sie die entstandenen Ice Cream Rolls in Becher und garnieren Sie nach Belieben mit weiteren Toppings wie Schokoladensoße, Früchten oder Nüssen. Sofort servieren und genießen!

Tipp: Wer keinen Mohn mag, kann diesen weglassen.

Eis frittieren

FRITTIERTES HIMBEEREIS

4 Port.

30 Min.

Mittel

Zutaten

etwas Öl
1 Ei
100 g Mehl
100 g Stärke
100 g Semmelbrösel
200 g Kokosraspel
4 Kugeln Himbeereis
250 ml Milch
etwas Zitronenthymian
250 g Sahne
1 Vanilleschote
20 g Zucker
3 Eigelb
200 g Beerenmischung

Nährwerte p. P.

125 kcal
10 g Kohlenhydrate
7 g Fett
2 g Eiweiß

1 Mischen Sie in einer Schale Ei, Mehl und Stärke mit 400 ml Wasser zu einem glatten Teig. In einer weiteren Schale vermengen Sie Semmelbrösel und Kokosraspel.

2 Tauchen Sie die Eiskugeln zuerst in den Teig, dann wälzen Sie sie im Bröselgemisch und stellen sie für etwa 30 Minuten ins Eisfach. Wiederholen Sie diesen Vorgang dreimal.

3 Erhitzen Sie Milch und Sahne in einem Topf. Halbieren Sie die Vanilleschote der Länge nach, kratzen Sie das Mark aus und geben Sie es zusammen mit der Schote in das Sahnegemisch.

4 Geben Sie den Zucker dazu und kochen Sie die Mischung auf. Nehmen Sie den Topf vom Herd, entfernen Sie die Vanilleschote und rühren Sie drei Eigelb in das noch heiße Milch-Sahne-Gemisch ein, bis eine cremige Soße entsteht.

5 Erhitzen Sie Öl in einem Topf und frittieren Sie die panierten Eiskugeln, bis sie goldbraun sind. Servieren Sie sie anschließend mit der Vanillesoße, dem Beerenmix und garniert mit Zitronenthymian.

Tipp: Sie können verschiedene Eissorten wählen, um neue Kreationen zu erschaffen.

FRITTIERTES EIS MIT FRÜCHTEN IN KARAMELL

8 Port.

50 Min.

Schwer

Zutaten

etwas Olivenöl Extra
400 ml Vanille-Sahneeis
2 Eiweiß
100 ml Rheingau Riesling trocken
2 Eigelb
1 Ei
300 g Butterschmalz
75 g Mehl
4 cl Rheingau Riesling trocken
150 g gemahlene Mandeln
150 g Mandelstifte
Schaschlikspieße
20 g Butter
40 g Zucker
300 g Früchte nach Wahl

Nährwerte p. P.

56 kcal
3 g Kohlenhydrate
3 g Fett
1 g Eiweiß

1 Geben Sie acht Kugeln Eis auf ein Blech und stellen es über Nacht in das Gefrierfach.

2 Schlagen Sie am nächsten Tag das Eiweiß steif. Die gemahlenen Mandeln geben Sie auf einen tiefen Teller und wenden die Eiskugeln zunächst im Eiweiß. Rollen Sie diese danach in den gemahlenen Mandeln. Stecken Sie außerdem die Mandelstifte hinein.

3 Stellen Sie die Eiskugeln erneut ins Gefrierfach und lassen Sie sie bis zur weiteren Verarbeitung gut durchfrieren. Mischen Sie aus den Eigelben, dem Olivenöl, dem Mehl, 4 cl Weißwein und dem Ei Ihren Backteig.

4 Säubern Sie die Früchte, entfernen Sie die Kerne und schneiden Sie sie in mundgerechte Stücke. Schmelzen Sie die Butter in einem Topf, fügen Sie den Zucker hinzu und karamellisieren Sie ihn.

5 Löschen Sie die Mischung mit dem übrigen Weißwein ab. Kochen Sie alles noch einmal kurz auf. Stellen Sie den Herd auf niedrige Hitze ein und lassen Sie alles ca. vier Minuten einkochen. Dabei soll das Karamell die Früchte umhüllen.

6 Erhitzen Sie das Butterschmalz in einem Topf. Stecken Sie in jede Eiskugel kurz vor dem Frittieren einen Schaschlikspieß, ziehen Sie diese durch den Backteig und backen Sie die Kugeln ca. drei Minuten goldbraun aus. Das frittierte Eis kann mit frischen Früchten sofort verspeist werden.

Tipp: Variieren Sie das Rezept, indem Sie gemahlene Mandeln durch gemahlene Haselnüsse ersetzen.

KNUSPRIG FRITTIERTES EIS

6 Port.

1 Std.

Mittel

Zutaten

3 Eier
1,5 Tassen Cornflakes
1,5 Tassen Semmelbrösel
3 Tassen Mehl
1 Biskuitboden
800 ml Eiscreme
250 g Himbeeren
1 Spritzer frisch gepresster Zitronensaft (bei Bedarf)
1 Teelöffel Honig (bei Bedarf)

Nährwerte p. P.

700 kcal
83 g Kohlenhydrate
33 g Fett
13 g Eiweiß

1 Beginnen Sie damit, den Biskuitboden zu zerbröseln. Die Brösel sollten nicht zu fein sein.

2 Bereiten Sie sechs Eiskugeln vor und wälzen Sie diese im zerbröselten Biskuitboden, bis die Kugeln rundherum bedeckt sind.

3 Legen Sie die Kugeln für 60 Minuten ins Gefrierfach.

4 Währenddessen bereiten Sie die Himbeersoße vor. Dazu waschen Sie die Himbeeren und pürieren diese im Anschluss. Je nach Geschmack können Sie etwas Honig und Zitronensaft hinzufügen.

5 Füllen Sie die Cornflakes in einen Gefrierbeutel. So können Sie diese einfach zerbröseln.

6 Füllen Sie die Semmelbrösel und die Cornflakebrösel zusammen in eine Schüssel. Rühren Sie gut durch, damit sich beides vermischt.

7 Geben Sie die Eiskugeln nacheinander in das Mehl und in die Eier und rollen diese anschließend durch die Cornflakes-Semmelbrösel-Mischung. Wiederholen Sie diesen Schritt, bis die Kugeln rundum bedeckt sind.

8 Heizen Sie die Fritteuse auf ca. 180°C auf und frittieren Sie die vorbereiteten Eiskugeln. Sobald sie goldbraun sind, nehmen Sie sie heraus und servieren sie sofort.

Tipp: Die Himbeeren können durch andere Früchte ersetzt werden. So verleihen Sie Ihrem Eisdessert verschiedene Geschmacksnoten.

FRITTIERTES EIS MIT SOßE

4 Port. 15 Min. Mittel

Zutaten

1 Ei (Größe M)
100 g Mehl
4 EL Limettensaft
4 EL Honig
2 EL Kokosraspel
¾ l Fett zum Frittieren
8 Kugeln Vanille- oder Kokoseis

Nährwerte p. P.

90 kcal
10 g Kohlenhydrate
5 g Fett
2 g Eiweiß

1 Mischen Sie das Mehl, 150 ml eiskaltes Wasser und das Ei mit einem Handrührgerät oder Schneebesen zu einem glatten Teig.

2 Erwärmen Sie den Limettensaft zusammen mit dem Honig in einem kleinen Topf bei schwacher Hitze. Rösten Sie die Kokosraspel leicht in einer Pfanne bei schwacher bis mittlerer Hitze an.

3 Erhitzen Sie das Fett zum Frittieren in einem weiten Topf oder Wok. Tauchen Sie die Eiskugeln mit einer Gabel in den Teig und frittieren Sie sie etwa drei Minuten lang im heißen Fett.

4 Heben Sie die frittierten Eiskugeln mit einem Schaumlöffel aus dem Fett, verteilen Sie sie auf Teller und beträufeln Sie sie mit dem Limettenhonig. Bestreuen Sie sie mit Kokosraspeln und servieren Sie sie sofort.

Tipp: Der Limettenhonig verleiht dem Dessert eine erfrischende Note und die leicht gerösteten Kokosraspeln sorgen für einen köstlichen Crunch. Experimentieren Sie mit verschiedenen Soßen oder Toppings, um Ihr frittiertes Eis zu variieren und es zu einem echten Genusserlebnis zu machen!

  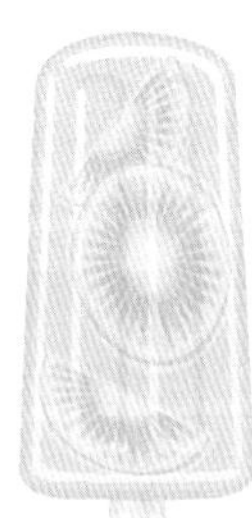    

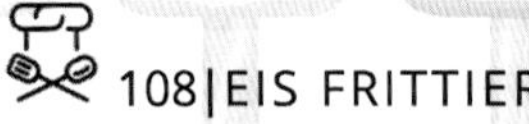

FRITTIERTES VANILLEEIS MIT HIMBEEREN

4 Port. 15 Min. Leicht

Zutaten

Japanisches Panko-Paniermehl
4 Kugeln Vanilleeis
Öl zum Frittieren
250 g Himbeeren
1 Ei
80 g Zucker
Mehl

Nährwerte p. P.

375 kcal
50 g Kohlenhydrate
20 g Fett
3 g Eiweiß

1 Bereiten Sie vier Eiskugeln vor, indem Sie mit einem Portionierer aus dem Eis Kugeln stechen. Legen Sie die Kugeln ins Gefrierfach, damit sie gut durchfrieren können.

2 Pürieren Sie die Himbeeren zusammen mit dem Zucker und streichen Sie die Mischung durch ein Sieb, um das Himbeermark zu erhalten.

3 Wälzen Sie die vorbereiteten Eiskugeln in Mehl, Ei und Pankomehl. Achten Sie dabei darauf, dass sie gut angedrückt sind und keine Löcher entstehen. Legen Sie die Kugeln erneut ins Gefrierfach.

4 Erhitzen Sie das Fett zum Frittieren auf 190° C Frittieren Sie die vorbereiteten Eiskugeln für 30 - 60 Sekunden, dabei ständig wenden.

5 Servieren Sie die frittierten Eiskugeln mit dem Himbeermark.

Tipp: Um sicherzustellen, dass die frittierten Eiskugeln perfekt gelingen, können Sie die vorbereiteten Kugeln vor dem Frittieren kurz in den Gefrierschrank stellen.

      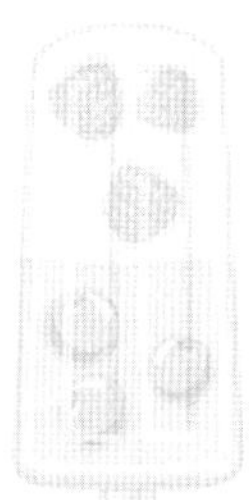

Bonus: Soßen & Toppings

KAFFEE-KARAMELL-SOßE

5 Port.

10 Min.

Leicht

Zutaten

140 g Rohrzucker
2 TL Wasser
95 ml Espresso
95 g Zartbitterschokolade
45 g Schlagsahne
2 TL Butter
560 g Vanilleeis (s. „Vanilleeis“ in: Milcheis)
Etwas Öl

Nährwerte p. P.

484 kcal
64 g Kohlenhydrate
24 g Fett
5 g Eiweiß

1 Wasser und Zucker im Topf erhitzen, sodass sich der Zucker auflöst. 3 EL hiervon in dünnen Streifen auf geölte Alufolie geben und hart werden lassen.

2 Sahne und Espresso zu dem Karamell im Topf geben und bei wenig Hitze köcheln lassen, bis sich das Karamell vollständig aufgelöst hat. Schokolade hacken und mit der Butter ebenfalls in den Topf geben und unterrühren.

3 Karamell von der Alufolie trennen und grob hacken. Vanilleeis auf Schalen verteilen und die heiße Karamellsoße darüber geben. Karamellsplitter darauf streuen.

GRUNDREZEPT: FRUCHTSOßE

4 Port. 10 Min. Leicht

Zutaten

1 Pck. Vanillezucker
290 g Früchte n. B.
240 ml Fruchtsaft (passend zur Frucht)
15 g Speisestärke
25 g Zucker (ggf. anpassen)

Nährwerte p. P.

105 kcal
24 g Kohlenhydrate
0 g Fett
1 g Eiweiß

1 Zucker im Topf schmelzen. Dann den Saft (bis auf 2 EL) zugeben. 2 EL Saft mit Stärke verrühren. Vanillezucker und angerührte Stärke im Topf unterrühren.

2 Früchte in den Topf geben und alles pürieren. Warme Soße zu dem Eis Ihrer Wahl servieren.

SCHOKOLADENSOẞE

24Port. 15 Min. Leicht

Zutaten

190 ml Schlagsahne
190 g Zartbitterschokolade

Nährwerte p. P.

410 kcal
26 g Kohlenhydrate
31 g Fett
4 g Eiweiß

1 Schokolade grob hacken und Sahne im Topf bei wenig Hitze erwärmen. Schokolade dazugeben und so lange rühren, bis sich die Schokolade aufgelöst hat.

2 Schokosoße 10 Minuten abkühlen lassen und dann warm zu dem Eis Ihrer Wahl genießen!

Tipp: Wenn Sie mal keine Schokolade im Haus haben, können Sie eine leckere Schokosoße auch aus 2 EL Kakao und 1 EL Milch zaubern. Einfach glattrühren und fertig ist die Schokosoße!

ERDNUSSBUTTER-SOßE

4 Port. 25 Min. Leicht

Zutaten

2 Tassen Puderzucker
140 ml Vollmilch
380 g gezuckerte Kondensmilch
3 EL Butter (zimmerwarm)
½ EL Vanilleextrakt
4 EL Erdnussbutter

Nährwerte p. P.

734 kcal
118 g Kohlenhydrate
26 g Fett
12 g Eiweiß

1 Zucker und Butter aufschlagen. Dann mit Kondensmilch und Erdnussbutter im Topf erhitzen, sodass die Erdnussbutter schmilzt.

2 Soße 20 Minuten unter regelmäßigem Rühren köcheln lassen. Währenddessen Milch erhitzen, aber nicht zum Kochen bringen.

3 Topf von der Herdplatte nehmen, Vanilleextrakt und heiße Milch in die Soße rühren und die Soße zu dem Eis Ihrer Wahl servieren.

  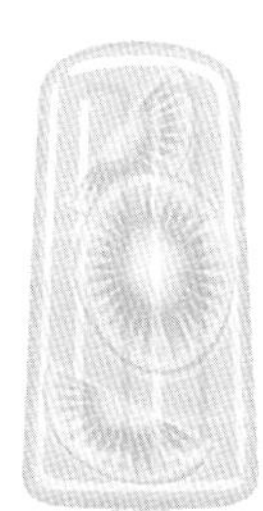    

NUTELLA-SOẞE MIT WHISKY

4 Port. 15 Min. Leicht

Zutaten

60 g gehackte Blockschokolade
240 g Nutella
4 EL Whisky
240 g Schlagsahne

Nährwerte p. P.

646 kcal
45 g Kohlenhydrate
45 g Fett
6 g Eiweiß

1 Sahne in eine Metallschale füllen und Schokolade und Nutella zugeben. Schale über ein heißes (nicht kochendes!) Wasserbad stellen und Schokolade auflösen.

2 Nutella-Soße eine Weile abkühlen lassen, dann den Whisky unterrühren und zu Ihrem Eis genießen.

     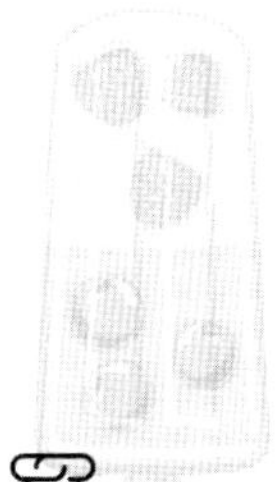

GIANDUJA-SOẞE

4 Port.

15 Min.

Leicht

Zutaten

190 g Gianduja (hell oder dunkel)
120 ml Vollmilch
Mark einer Vanilleschote
120 ml Schlagsahne

Nährwerte p. P.

394 kcal
27 g Kohlenhydrate
30 g Fett
5 g Eiweiß

1 Alle Zutaten im Topf kurz aufkochen, dabei stetig rühren.

2 Soße kurz etwas abkühlen lassen, dann pürieren und zu dem Eis Ihrer Wahl servieren.

Tipp: Soße im Kühlschrank aufbewahren. Wenn die Soße zu fest wird, einfach kurz in heißes Wasser stellen.

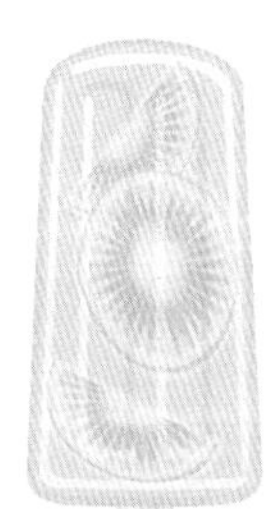

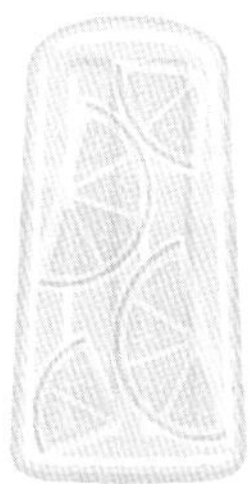

CRANBERRY-WALNUSS-TOPPING

4 Port. 50 Min. Leicht

Zutaten

290 g gehackte Walnüsse
95 ml Ahornsirup
½ TL Vanillemark
½ TL Zimt
50 ml Wajos Cranberry Crema (mit Balsamico)

Nährwerte p. P.

573 kcal
35 g Kohlenhydrate
47 g Fett
11 g Eiweiß

1 Nüsse, Cranberry Crema, Sirup, Zimt und Vanillemark in einer Schale vermengen und die Masse auf ein mit Backpapier belegtes Blech geben.

2 Bei 180 °C Umluft im vorgeheizten Ofen ca. 16-18 Minuten backen. Hin und wieder durchrühren.

3 Crumble abkühlen lassen und mit Vanilleeis oder einer anderen Eissorte servieren.

Tipp: Wenn Sie möchten, können Sie Ihr Eis mit einem zusätzlichen Schuss von dem Cranberry Crema verfeinern.

VEGANES KOKOS-SAHNE-TOPPING

24Port. 5 Min. Leicht

Zutaten

95 ml Kokos Cuisine
2 TL Rohrohrzucker
15 g Kokosraspel
1 Pck. Vanillezucker

Nährwerte p. P.

87 kcal
7 g Kohlenhydrate
7 g Fett
0 g Eiweiß

1 Kokos Cuisine mit beiden Zuckersorten und fast allen Kokosraspeln aufschlagen.

2 Topping auf das gewünschte Eis geben und mit den übrigen Kokosraspeln bestreuen.

PISTAZIEN-KARAMELL-TOPPING

2 Port. 20 Min. Leicht

Zutaten

30 g geschälte Pistazien
2 TL Wasser
10 g Butter
4 EL Rohrohrzucker
2 Prisen Salz

Nährwerte p. P.

240 kcal
34 g Kohlenhydrate
11 g Fett
3 g Eiweiß

1 Pistazien grob hacken. Wasser und Zucker in einer Pfanne unter Rühren zum Kochen bringen. Butter unterrühren, bis eine glatte Masse entsteht.

2 Pistazien zugeben und die Soße auf einem Backpapier dünn ausstreichen. Masse mit 2 Prisen Salz bestreuen und eine Weile abkühlen lassen. Zu dem gewünschten Eis servieren.

 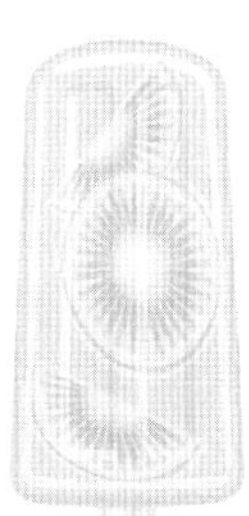    

BUTTERSTREUSEL-CRUNCH

4 Port. 45 Min. Leicht

Zutaten

60 g Butter
25 g weiße Schokolade, gehackt
1 Pck. Vanillezucker
80 g Weizenmehl
1 Prise Salz
60 g Zucker

Nährwerte p. P.

274 kcal
34 g Kohlenhydrate
15 g Fett
3 g Eiweiß

1 Mehl, Salz, Butter und Zucker verkneten und in mehr oder weniger großen Bröseln auf ein Backblech mit Backpapier geben.

2 Streusel bei 170 °C Umluft auf mittlerer Ebene 8-12 Minuten backen und anschließend abkühlen lassen.

3 Zum Schluss Schokolade und Vanillezucker untermischen und die Streusel auf das Eis Ihrer Wahl streuen.

Tipp: Anstatt der Schokolade können Sie die Streusel auch mit getrockneten Früchten oder Obst anreichern! Auch schmecken die Streusel im Winter besonders gut mit Marzipan und/oder Zimt!

  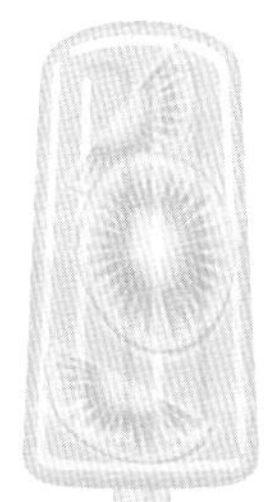    

APFEL-TOPPING MIT HONIG

5 Port. 10 Min. Leicht

Zutaten

3 Äpfel
2 EL Honig
Etwas Wasser

Nährwerte p. P.

69 kcal
18 g Kohlenhydrate
0 g Fett
0 g Eiweiß

1 Äpfel säubern und würfeln.

2 ¾ der Apfelstücke mit ein wenig Wasser in eine Pfanne geben und mit dem Honig 5 Minuten erwärmen. Ab und zu umrühren. Dann die Pfanne von der Herdplatte nehmen und die übrigen Apfelstücke unterheben.

3 Warmes Apfel-Honig-Topping auf dem Eis Ihrer Wahl verteilen und mit dem Eis zusammen genießen.

NUSSTOPPING

2 Port.

10 Min.

Leicht

Zutaten

70 g gemischte Nüsse
1 Prise Salz
2 TL Butter
1 TL Rohrohrzucker

Nährwerte p. P.

281 kcal
11 g Kohlenhydrate
26 g Fett
6 g Eiweiß

1 Nüsse grob mixen und in eine Pfanne geben.

2 Die übrigen Zutaten zugeben und die Nüsse von allen Seiten etwas anrösten.

3 Nusstopping auf das Lieblingseis streuen und servieren.

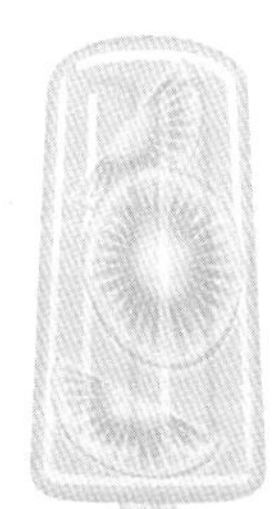